Heike Müller

MÜLL

und was man damit machen kann

Düsseldorfer Abfallwirtschafts-
und Stadtreinigungsbetrieb
AWISTA
40200 Düsseldorf

 Burckhardthaus-Laetare Verlag

Die Reihe „8–13" wird von Hajo Bücken und Peter Musall für Mitarbeiter in der Gruppenarbeit mit Kindern von 8–13 Jahren herausgegeben. Jährlich erscheinen 2 Bände. Die Bände sind einzeln oder fortlaufend zu beziehen.
(Beim fortlaufenden Bezug sparen Sie ca. 15%).

©1996 by
Burckhardthaus-Laetare
Verlag GmbH, Offenbach/M.
Schumannstr. 161
63069 Offenbach/M.

Die Deutsche Bibliothek –
CIP-Einheitsaufnahme

Müller, Heike:
Müll und was man damit machen kann: vom kreativen Umgang mit Abfall / Heike Müller.
(Zeichn.: Theresia Koppers). –
Offenbach/M.: Burckhardthaus-
Laetare Verl. 1996
(Reihe 8–13)
ISBN 3–7664-9319–1

Gestaltung:
Peter Weber, Bremen
Zeichnungen:
Theresia Koppers, Düsseldorf
Herstellung:
Joachim Emrich, Gelnhausen
Satz: Salzland Druck, Staßfurt
Druck und Verarbeitung:
RGG-Druck, Braunschweig

INHALT

Gedanken zum Thema

Teil 4 MÜLL IN DER NATUR

Teil 5 NOCH MEHR MÜLLGESCHICHTEN

GEDANKEN ZUM THEMA

Als ich vor sechs Jahren mein erstes Buch als ein Plädoyer für eine neue „Müllpädagogik" schrieb, war die Problematik der endlos wachsenden Müllberge bereits in aller Munde. Für Kinder gab es damals jedoch kaum altersgerechte Materialien zu diesem ökologischen Brennpunktthema.

Wachsende Müllberge

Was die wachsenden Müllberge angeht, so hat sich leider nichts zum Positiven verändert. Die Abfallmengen, die wir ungehindert weiterproduzieren, nehmen gigantische Ausmaße an und ihre Entsorgung wird im nächsten Jahrtausend kaum noch zu bewältigen sein. Die Risiken der Mülldeponierung und -verbrennung wachsen uns langsam über den Kopf und auch die neuen Wege, die in der Müllpolitik beschritten werden, führen nicht zu einer nachhaltigen Abfallvermeidung. Die Müllexporte westlicher Industrienationen in arme Länder dieser Welt sind an ökologischer Kurzsichtigkeit nicht mehr zu überbieten, doch das wollen die meisten lieber gar nicht so genau wissen. Gern verdrängen wir die Folgen, die unser schrankenloses Konsumverhalten mit sich bringt – der Blick über den Mülltonnenrand wird immer noch selten gewagt.

Gigantische Ausmaße

Skandalöses Konsumverhalten

Kinder sind oft neugieriger und mutiger als Erwachsene. Sie schauen gern genauer hin und sie wollen etwas verändern. Kinder können lernen, mit den Schätzen dieser Erde verantwortlich umzugehen. Sie können den bequem gewordenen Erwachsenen auf die Füße treten und sie zu umweltbewußtem Handeln animieren.

Kinder verändern

In den letzten Jahren sind zahlreiche „Müll-Materialien" für Kinder erschienen und die Schulen nehmen sich dieses „stinkigen" Themas immer mehr an. Nicht selten haben Kinder dabei ihre Schulen umgekrempelt und mit dazu beigetragen, daß auch dort weniger Müll produziert wird.

Ideen und Aktionen

Dieses Buch trägt Ideen, Informationen, Projektbeispiele und Aktionsvorschläge zum Thema „Müll" zusammen. Es zeigt die verschiedenen Aspekte der Abfallvermeidung und -verwertung auf. Dieses Buch kehrt jedoch nicht nur vor der eigenen Haustür, sondern es beschäftigt sich auch mit den Müllproblemen anderer Länder dieser Erde. Es zeigt, was die Kinder dort aus der Müllmisere machen. Dieses Buch ist als Handbuch gedacht, das zu allen Gebieten der „Müllpädagogik" umfassende Praxisvorschläge anbietet.

Zahlreiche Hilfen

Neben den zahlreichen Hilfen für Pädagogen und Pädagoginnen sind viele der zusammengetragenen Materialien für den direkten Einsatz in der Kindergruppe gedacht.

Denn Kinder brauchen Informationen und Ermutigung, damit sie sich für ihren bedrohten Planeten einsetzen können. So scheint dieses Buch heute nötiger als je zuvor, es ist ein Buch zum Weitersagen und Nachmachen. Denn wenn Kinder etwas tun, erfahren sie, daß sie nicht machtlos sind. Es ist höchste Zeit, daß wir alle dazu beitragen, die Umweltkatastrophen von morgen schon heute zu verhindern.

Weitersagen

Heike Müller

DER BLICK ÜBER DEN MÜLLTONNENRAND

Der erste Teil dieses Buches erzählt von der Geschichte des Mülls. **1** Warum gibt es all diese riesigen Abfallberge? Wie war das eigentlich früher? Kinder kommen dem Müll auf die Spur.

DER BLICK ÜBER DEN MÜLLTONNENRAND

Deckel auf – Müll rein – Deckel wieder zu!
So handhabten bis vor wenigen Jahren noch die meisten Menschen den Umgang mit ihrem eigenen Abfall. Niemand interessierte sich für die Folgen dieser unkomplizierten Methode. Der Müll war mit der Leerung der Tonne einfach aus dem Bewußtsein verschwunden.

Grüner Punkt

Inzwischen hat sich einiges geändert. Der „Grüne Punkt" wurde erfunden und wir begannen, unseren Müll fleißig zu sortieren. Das Altglas kommt jetzt in den Container, Küchenabfälle in die „Grüne Tonne", Plastikverpackungen in den „Wertstoffsack" und Altpapier stapelt sich gebündelt in den Sammelfahrzeugen. Darüber hinaus werden die Herstellerfirmen nicht müde, uns mit hochheiligem Recyclingversprechen von dem Kauf ihrer Produkte zu überzeugen. „Recycling" heißt das neue Zauberwort – wir können wieder beruhigt sein.

Keine Lösung

Daß die bisherigen Maßnahmen unser Müllproblem nicht lösen, zeigen aktuelle Statistiken über das jährliche Müllaufkommen. So ist beispielsweise der Verbrauch von Einwegverpackungen weiter angestiegen und ein Ende dieser Verpackungsflut ist noch lange nicht abzusehen.

Der Umgang mit Müll beschränkt sich nicht nur auf die Tonne. Wollen wir wirklich konsequent sein, so müssen wir den Abfall schon in seiner Entstehung vermeiden. Unser Müllproblem ist jedoch ein gesellschaftliches Problem. Die überquellenden Abfallberge gehören zu den Schattenseiten unseres Konsumrausches. Sie sind die Kehrseite der Wohlstands-Medaille. Müll hat etwas mit unseren Lebensgewohnheiten zu tun. Er ist eine Folge unserer Bequemlichkeit und unseres mangelnden Problembewußtseins.

Lebensgewohnheiten

Wie Kinder die Müllprobleme sinnvoll angehen können, davon handelt der erste Teil dieses Buches. Wir werden uns mit den grundsätzlichen Fragen der Müllentstehung und -vermeidung beschäftigen. Das bedeutet jedoch keine langweilige Theorie, sondern praxisnahe Beschäftigung.

Auf der Ebene des Ausprobierens können Kinder direkte Erfahrungen in der Müllvermeidung sammeln. Das stärkt die Eigenverantwortung und fördert die Entwicklung kreativer Lösungsstrategien.

Müllvermeidung

Mit Hilfe von Beispielen aus der kindlichen Alltagswelt, werden ökologische Zusammenhänge erkennbar gemacht und phantasievolle Handlungsperspektiven aufgezeigt.

Auf den erhobenen Zeigefinger wird dabei gern verzichtet, da sich ein Bewußtseinswandel bekanntlich nicht auf moralischem Wege erzwingen läßt. Die folgenden Geschichten zeigen, wie Kinder dem Müll auf die Spur kommen können – und auch noch Spaß dabei haben.

Hallo, ich bin die Sammelsuse

Ein Text zum Lesen und Vorlesen

Spiele und Geschichten

Sagt bloß, ihr kennt mich noch nicht! Dann wird es höchste Zeit, daß sich das ändert. Darf ich mich also vorstellen:

Ich bin die berühmte und berüchtigte Sammelsuse. Über mich ist schon viel berichtet worden, aber eine ganze Menge davon sind bloß Gerüchte. Ich werde euch jetzt erzählen, was wirklich stimmt und was ich den lieben langen Tag so mache.

Wie mein Name schon sagt, ist meine größte Leidenschaft das Sammeln. Am liebsten sammle ich Dinge, die andere Leute wegschmeißen. Vieles von dem, was ich erbeute, ist nämlich für den Mülleimer viel zu schade! Und wer schlau ist, weiß, daß man mit gesammelten Dingen eine ganze Menge machen kann:

Man kann sie ansehen oder ins Regal stellen, man kann sie auch stapeln oder in eine große Kiste packen. Natürlich kann man mit gesammelten Sachen auch spielen oder tolle Geschichten mit ihnen erfinden. Wenn man will, kann man sie auch tauschen oder zum Basteln verwenden. Wenn die Dinge kaputt sein sollten, kann man sie reparieren und auf dem Flohmarkt verkaufen.

Es gibt also tausendundeine Möglichkeit, all die gesammelten Sachen zu verwenden. Sachen sammeln ist ein toller Zeitvertreib und wird nie langweilig! In diesem Buch werde ich mit euch auf Sammelsuche

gehen. Dann müßt ihr nicht mehr so viel wegschmeißen. Wir haben nämlich schon genug Müll auf
dieser Erde und wissen bald nicht mehr, wohin damit. Außerdem werde ich euch eine Menge über die
Probleme erzählen, die wir mit unserem Abfall haben. Ich habe schon viele Bücher darüber gelesen,
es ist sozusagen mein Spezialgebiet. Deshalb habe
ich auch ganz viele Ideen, was ihr gegen die wachsenden Müllberge tun könnt. Das schützt unsere Umwelt. Die soll doch schließlich grün bleiben, oder?

Also, als erstes schlage ich vor, daß ihr in eurer Kindergruppe oder Schulklasse anfangt, über Müll zu reden. Ihr könnt überlegen, wo euch der Abfall täglich begegnet und was ihr dann damit macht. Ihr könnt euch austauschen, über das, was ihr über Müll schon wißt.

Woher kommt's? Hat euch schon mal jemand erklärt, woraus eine Kabadose gemacht ist? Oder wo Alufolien herkommen? Oder daß im Meer ein Haufen Abfälle herumschwimmen?

Ihr könnt alles, was ihr wißt – und das ist sicherlich schon eine ganze Menge – auf einem großen Blatt Packpapier oder einer alten Tapetenrolle sammeln. Unter der Überschrift „Was wir über Müll schon wissen" tragt ihr mit einem dicken Stift alles ein, was von euch gesagt worden ist. Ob das Blatt wohl voll wird?

Das Müll-Plakat Wenn ihr fertig seid, hängt das Papier an die Wand, damit ihr es immer wieder lesen könnt, wenn ihr Lust dazu habt.

Kinder reden über Müll

„Also ich habe gehört, daß die Schildkröten davon sterben, wenn wir Müll ins Meer schmeißen."

(Ellen, 9 Jahre)

„Die Verpackungen sind immer viel größer als das, was drin ist. Das ist doch echt gemein."

(Sven, 8 Jahre)

„Es gibt ja sogar Fotoapparate, die man nur einmal benutzen kann und dann wegschmeißen muß, weil sie nichts mehr taugen. Kein Wunder, daß unsere Mülltonnen so voll sind."

(Lisbeth, 12 Jahre)

„Kabadosen sind doch nur aus Pappe, oder?"

(Samira, 8 Jahre)

„Ich war einmal mit auf der Mülldeponie. Es hat dort fürchterlich gestunken und es waren viele Vögel da."

(Henning, 8 Jahre)

„Mein Opa hat mir erzählt, daß ganz viel Müll verbrannt wird und daß das gefährlich ist für Menschen, weil man von dem Rauch Krebs kriegen kann."

(Ulrike, 10 Jahre)

„Das weiße Klopapier ist schädlicher für die Umwelt als das graue, glaube ich."

(Nina, 9 Jahre)

„Zu Hause kaufen wir Milch in Pfandflaschen, weil das besser für die Umwelt ist."

(Any, 7 Jahre)

„Leute, die weniger Geld haben, kaufen Milch in der Tüte, weil die billiger ist. Ich finde es ungerecht, daß Pfandflaschen so teuer sind. Es ist das Gleiche drin."

(Nils, 11 Jahre)

„Alufolien sind ganz kostbar, die darf man nicht mehr nehmen."

(Carmen, 10 Jahre)

Was uns täglich abfällt

Das geht doch schon beim Frühstück los:

Müsli und Joghurt

Das Müsli kommt aus der Plastiktüte, die wiederum noch in einem extra Pappkarton steckt. Zwei Verpackungen sind garantiert eine zuviel!

Der Joghurt schwimmt in einem Plastikbecher, mit Aluminiumdeckel zugeschweißt. Wohin mit all den leeren Bechern? Sie sind schließlich unverwüstlich! Kunststoff ist nur selten recyclebar, Alu dagegen immer. Es kann zwar nach Gebrauch eingeschmolzen und dann aufs Neue verwendet werden, aber es kostet Unmengen an Energie, Aluminium überhaupt herzustellen.

Dosen über Dosen

Als nächstes kommt die Kabadose dran. Sie hat zwar einen „Grünen Punkt", läßt sich aber gar nicht wiederverwerten, da sie aus beschichtetem Karton, Polyethylen, Weißblech und Aluminium besteht. Diese Stoffe können technisch nicht mehr voneinander getrennt werden und heißen Verbundverpackungen.

Diese kleine Auswahl vom Frühstückstisch soll erst einmal genügen, denn der Tag hat ja gerade erst angefangen.

Müll in der Schule

In der Schule wird stapelweise Papier verbraucht, was vielen Bäumen das Leben kostet. Die Stifte, die zum Schreiben und Malen benutzt werden, lassen sich leider auch nicht wiederverwenden, wenn sie leer geworden sind. Es gibt sogar Stifte, die gesundheitsschädlich sind, die heißen dann später „Sondermüll".

Spielzeugmüll

Was passiert mit dem vielen Spielzeug, wenn es nicht mehr gebraucht wird oder schon kaputtgegangen ist? Spielsachen werden immer häufiger aus Kunststoff hergestellt. Deshalb sind sie nicht mehr so stabil wie früher und wandern schneller in den Müll.

Da Spielen ja bekanntlich hungrig macht – nichts wie hin zum Kiosk um die Ecke. Die gekaufte Schokolade ist ebenfalls zweimal eingewickelt: außen mit beschichtetem Papier und innen mit Stanniol, einem Stoff, der wiederum aus Aluminium gemacht wird. Dazu noch eine Dose Limo – und schon wieder Aluminium.

Verpackungswahn

Die Liste der täglichen Abfälle wäre wahrscheinlich dreimal so lang. Dieser kurze Ausschnitt zeigt jedoch schon, wieviele Rohstoffe wir jeden Tag verschwenden und wieviel Müll dabei entsteht. Um die eigene Müllproduktion genauer unter die Lupe zu nehmen, können an die Kinder folgende Aufgaben gestellt werden.

Aufgaben für Kinder:

■ Leere spontan deine Taschen aus. Alle Sachen, die du findest, werden irgendwann einmal Müll, oder?

■ Fertige eine persönliche Abfall-Liste an. Trage ein, was du an einem einzigen Tag alles wegwirfst.

■ Welche Dinge, die du täglich zu Hause benutzt, sind gleich mehrfach verpackt?

■ Sieh dich doch mal in der Küche um! Woraus sind die verschiedenen Produkte gemacht? Lassen sie sich wiederverwerten?

■ Wieviele volle Abfalleimer müssen jede Woche in eurer Schule geleert werden?

■ Versuche herauszufinden, wieviel Papier jedes Jahr für eure Schule gekauft wird. Verwendet ihr Altpapier?

■ Vergleicht eure Pausenbrote. Wie sind sie verpackt?

Es war einmal ...

So oder ähnlich fangen viele bekannte Märchen an.
Da ich als Sammelsuse natürlich auch Geschichten
sammle, möchte ich euch jetzt eine erzählen. Sie
handelt von früheren Zeiten, genauer gesagt von Zeiten, in denen es fast noch keinen Müll gab.

Vor ungefähr 30 000 Jahren begannen die Menschen, *Märchen vom Müll*
ihre Abfälle zu sammeln. Nun müßt ihr bedenken,
daß diese Abfälle ganz anders aussahen als die, die
wir heute produzieren. Schließlich gab es damals
noch keine Plastikbecher, Alufolien oder Cola-Dosen.
Was die Menschen vor so langer Zeit außerhalb ihrer
Siedlungen ablagerten, waren überwiegend leicht
verrottbare Dinge wie Holz, Stoffe, Leder und Essensreste. Dazu kamen zersprungene Tongefäße, die
man nicht mehr benutzen konnte. Verpackungsmüll,
wie wir ihn heute kennen, war den Menschen früher
unbekannt. Sie besaßen stattdessen Kürbisschalen,
Fellsäcke, Tonkrüge oder geflochtene Körbe, um ihre
Nahrungsmittel aufzubewahren.

Die Menschen waren in einen natürlichen Kreislauf
eingebunden. Das heißt, daß die täglichen Güter,
die von ihnen produziert wurden, der Natur keinen Schaden zufügten. Alle Materialien waren
wiederverwertbar. Metallgegenstände, also Werk-
zeuge beispielsweise, wurden, wenn sie abge-
nutzt waren, wieder eingeschmolzen, damit sie
neu gegossen werden konnten. Metall galt
früher als sehr wertvoller Rohstoff.

Tierfutter Müll

Fast alle Siedlungsgemeinschaften besaßen damals Vieh, insbesondere Ziegen, Rinder oder Schweine. Die Tiere waren gute Futterverwerter und wurden überwiegend von Essensresten ernährt. So brauchten die Menschen gar keine Bio-Tonnen.

Glas war in allen früheren Kulturen bekannt. Oft konnten sich jedoch nur die reicheren Familien leisten, Glas zu benutzen. Es war viel edler als Ton und nicht so leicht zu bekommen. Schon die alten Ägypter verwendeten Glasbehälter, um Salben, Öle und Wein darin aufzubewahren.

Als im Laufe der Zeit das Papier erfunden wurde, war es als Verpackungsmaterial noch viel zu kostbar. Es wurde ausschließlich zum Schreiben verwendet. Erst im 16. Jahrhundert stellte man Pappschachteln her, die zu Verpackungszwecken dienten.

Was glaubt ihr, wann die Müllabfuhr erfunden wurde? In einigen Kulturen existierte so etwas ähnliches bereits vor mehreren tausend Jahren. In Deutschland entwickelte sich eine regelmäßige Müllabfuhr erst Anfang dieses Jahrhunderts. Natürlich waren das keine großen Müllwagen, die damals durch die Straßen der Städte fuhren, sondern kleine Transportkutschen mit zwei Pferden davor.

Die erste Müllabfuhr

Das hat auch gereicht, denn es gab ja nicht so viel Abfall. Die Menschen kauften nur das Notwendige und was kaputtging, wurde repariert. Schuhe kamen zum Schuster, Kleider wurden genäht oder gestopft. Durchlöcherte Kannen oder Töpfe reparierte der Kesselflicker, das ist ein Beruf, der heute längst ausgestorben ist. Auch den Sattler, der Schultornister und Taschen nähte, kennen die meisten Menschen nicht mehr. Oder habt ihr schon mal einen gesehen? Zum Einkaufen gingen die Leute früher auf den Markt oder in den kleinen Tante-Emma-Laden. Dort wurden die Lebensmittel entweder in Papier verpackt oder in wiederverwertbare Behälter gefüllt.

Geheizt wurde mit Kohleöfen, da es noch keine Gas- oder Ölheizungen gab. In den Öfen verbrannte man einen Teil der Abfälle, wie zum Beispiel Zeitungen, Pappe und ähnliches. Was hinterher davon übrigblieb, war Asche geworden und landete in dem dafür vorgesehenen Blecheimer. Jetzt wißt ihr auch, warum der Mülleimer früher Ascheneimer hieß. Habt ihr dieses Wort von euren Großeltern schon gehört? Das war meine kleine Geschichte über den Müll – extra für euch gesammelt.

Heizen mit Müll

Wenn ihr das Thema interessant findet, könnt ihr in eurer Gruppe folgende Fragen diskutieren:

● Welchen Müll produzierten die Menschen früher?

Diskussion in der Gruppe

● Warum gab es keine großen Abfallberge?

● Wie wurde der Müll beseitigt?

● Was hat sich in der heutigen Zeit geändert?

● Woraus waren die Verpackungen früher gemacht, wie kennt ihr sie heute?

● Glaubt ihr, daß wir es schaffen können, wieder weniger Müll zu produzieren?
Wenn ja, wie?

„Müll früher und heute"

Zeittafel

Weitere Vorschläge
zum Thema

Nehmt ein langes Stück Tapetenrolle und klebt es an die Wand. Nun zeichnet mit einem dicken, schwarzen Wachsstift eine lange waagerechte Linie auf das Papier. Das linke Ende der Linie beschriftet ihr mit „30 000 v. Chr." und rechts schreibt ihr „heute".

Alles, was ihr jetzt schon über die Geschichte des Mülls wißt, könnt ihr auf dieser Zeittafel eintragen. Ihr könnt auch Bilder dazu malen oder aus Zeitschriften ausschneiden. So bekommt ihr einen guten Überblick!

Bildcollage

Ihr braucht zwei große Papierbögen (Packpapier, o. ä.), alte Zeitschriften, Klebstoff, Stifte und Scheren. Einer der Papierbögen erhält die Überschrift „Müll früher", der andere „Müll heute".

Sucht aus den Zeitschriften Bilder heraus, die für den damaligen und jetzigen Müll typisch sind, und klebt sie auf die entsprechenden Plakate. Ihr könnt auch Abbildungen aus illustrierten Geschichtsbänden fotokopieren und ausschneiden, um das Müllplakat von früher zu vervollständigen.

Zum besseren Vergleich hängt ihr beide Plakate nebeneinander. Was fällt euch auf?

Talkshow

Wenn ihr eine Talkshow über Müll machen wollt, müßt ihr euch natürlich Gäste einladen. Wer weiß wohl am meisten über den Müll in alten Zeiten? Eure Großeltern natürlich! Bestimmt haben sie Lust, zu eurer Talkshow zu kommen, denn die meisten Omas und Opas erzählen gern von der guten alten Zeit.
Bevor es losgeht, müßt ihr jedoch folgendes bedenken:

☐ Wer kümmert sich um die Einladungen?
☐ Wer soll die Show leiten und die Gäste begrüßen?
☐ Welche Fragen wollt ihr den Großeltern stellen?
(Sammelt sie vorher in der Gruppe und schreibt sie auf einen Zettel.)
☐ Wollt ihr die Show aufnehmen?
(Dann besorgt eine Videokamera oder einen Kassetenrecorder.) Viel Spaß beim spannenden Geplauder!

Weitere Vorschläge zum Thema

Museumsbesuch

Geht mit eurer Lehrerin oder eurem Gruppenleiter in ein Museum für Völkerkunde. Dort könnt ihr euch genau ansehen, wie die Menschen früher gelebt haben. Welche Gebrauchsgegenstände haben sie verwendet? Aus welchen Materialien waren die Gegenstände gemacht? Worin wurden die Lebensmittel gelagert?
Vielleicht kann euch die Museumsführerin etwas über die früheren Abfallsysteme erzählen.

Tante Emma und Onkel Aldi

Wer kennt sie noch, die Tante-Emma-Läden?

Die Kinder von heute wohl schon lange nicht mehr. Vorbei die Zeiten, als sie noch die Milchkanne und den Einkaufskorb in die Hand gedrückt bekamen, um zum Krämer um die Ecke zu gehen. Auch daß die Brötchen jeden Morgen in einem Leinenbeutel vor der Haustür liegen, haben unsere Kinder wohl nicht mehr erlebt. Was wissen sie noch von selbstgemachtem Apfelmost oder eingekochtem Gemüse?

Unsere hektische Konsumgesellschaft hat für solch überschaubare Versorgungsstrukturen leider keinen Platz mehr.

Schauen wir noch einmal zurück, wie sich unser Konsumverhalten in den letzten fünfzig Jahren verändert hat:

Der Armut der Nachkriegszeit folgte in den fünfziger und sechziger Jahren das große Wirtschaftswunder. Es wurde extrem viel produziert und konsumiert. Mit dem Beginn des totalen Plastikzeitalters kamen völlig neue Produkte auf den Markt: Plastiktüten, Folien, Einwegflaschen, PVC-Böden, Kleidung aus Synthetik und vieles mehr.

Mit zunehmendem Wohlstand nahmen wie selbstverständlich die Mengen an Verpackungsmaterial und der Konsum von Luxusgütern zu. Die sich immer stärker ausbreitende „Ex-und-Hopp"-Mentalität förderte zudem den Verbrauch von kurzlebigen Gütern und Wegwerfprodukten. Schon in den siebziger Jahren wurden die wachsenden Berge nichtverwertbaren Mülls zu einem riesigen Problem, welches bis heute nicht gelöst ist.

Die Entwicklung eines verantwortungsbewußten Konsumverhaltens ist heute unbedingt notwendig geworden. Da Kinder in der Produktforschung bereits eine eigene, sehr lukrative Zielgruppe bilden, ist es dringend erforderlich, sie schon jetzt über die Folgen ihres Konsums aufzuklären.

Wie Kinder umweltbewußt einkaufen lernen und schädliche Produkte vermeiden können, zeigen die folgenden Praxisbeispiele.

Die Sammelsuse im Supermarkt

Die nebenstehende Comicgeschichte eignet sich gut als Themeneinstieg. Sie kann fotokopiert und in der Gruppe verteilt werden.

Die Bilderfolge ist zum Betrachten, Anmalen, Aufhängen, Erzählen oder Diskutieren gedacht. Die Kinder erhalten die Möglichkeit, von ihren eigenen Erfahrungen beim Einkauf zu berichten.

Die Sammelsuse macht sich mit ihrer Einkaufstasche gut gelaunt auf den Weg.

Sammelsuse steht mit ihrem Einkaufszettel vor den übermächtigen Regalen des Supermarkts.

Sie irrt mit ihrem Einkaufswagen durch die Gänge.

Der Einkaufswagen füllt sich mit aufwendig verpackten Waren ...

... und füllt sich immer mehr.

Genervt türmt Sammelsuse die Waren an der Kasse auf.

Sie schleppt sich mit den vielen Einkaufstaschen nach Hause.

Sammelsuse packt erschöpft die Lebensmittel aus.

Völlig genervt steht die Sammelsuse vor einem riesigen Abfallhaufen.

Dem Müll auf der Spur

Die Kinder werden in zwei Kleingruppen aufgeteilt und erhalten jeweils die gleiche Einkaufsliste: 4 Eier, 8 Scheiben Käse, 6 Äpfel, 500 g Brot, 1 Gurke, 1 l Apfelsaft, 1 l Milch.

Die erste Gruppe geht in Begleitung eines Erwachsenen auf den Wochenmarkt, die zweite Gruppe kauft im Supermarkt ein. Wenn beide Gruppen ihren Auftrag erledigt haben, treffen sie sich wieder am Ausgangsort. Nun werden die Einkäufe verglichen: Was hat jede Gruppe bekommen? Wie sind die Lebensmittel verpackt? Wer hat mehr Müll in der Einkaufstasche?

Die wahre Einkaufsliste

Nachdem die Einkaufstaschen geleert sind, schreiben die Kinder ihrer jeweiligen Gruppe auf, was sie tatsächlich mit zurückgebracht haben. Um den Müllanteil beim Einkauf zu verdeutlichen, werden sämtliche Verpackungen mit aufgeführt.

Unsere Gruppen kamen zu folgenden Ergebnissen:

Wochenmarkt	Supermarkt
4 Eier / Mehrwegkarton	4 Eier abgepackt / Karton
8 Scheiben Käse / Wachspapier	8 Scheiben Käse / Plastikfolie, Plastiktüte
6 Äpfel	6 Äpfel / Pappschale mit Plastikfolie
500 g Brot / Papiertüte	500 g Brot / Plastiktüte
1 Gurke	1 Gurke / Plastikfolie
1 l Apfelsaft / Pfandflasche	1 l Apfelsaft / Verbundkarton
1 l Milch / Pfandflasche	1 l Milch / Verbundkarton

Viel zu viel Müll!!!

Post für Onkel Aldi

Aktiv werden:
Ein Beispiel

Wenn Kinder sich über den vielen Müll ärgern, den sie zwangsläufig mit einkaufen und bezahlen müssen, wird es höchste Zeit, aktiv zu werden.
Kinder können beispielsweise an den Hersteller ihrer Lieblingsbonbons schreiben, um sich über die aufwendige Verpackung zu beschweren. Oder sie wenden sich an eine bekannte Molkerei, die ihre Produkte ausschließlich in Plastikbechern auf den Markt bringt.
Unsere Gruppe verfaßte einen Brief an den Lebensmittelkonzern Aldi, der seit vielen Jahren als bundesdeutscher Wegwerfmeister gilt. Aldi vertreibt ausschließlich Produkte in Wegwerfverpackungen und weigert sich hartnäckig, Mehrwegsysteme einzuführen.

Guten Tag Herr Aldi!

Sicherlich haben Sie auch schon gehört,
dass der Müll für unsere Natur sehr
schädlich ist. Darum ist es notwendig,
dass wir alle weniger Müll produzieren.
Wir möchten Sie daher bitten, keine Wegwerfverpackungen mehr zu verkaufen.
Pfandflaschen sind viel umweltfreundlicher!

Sie sollten darüber nochmal nachdenken.
Jeder kann etwas tun, damit unsere
Erde gerettet wird. Die vielen Tiere
würden sich auch darüber freuen.

Wenn Sie wollen, können Sie uns
einen Brief schreiben. Wir warten
auf eine Antwort.

    Liebe Grüsse,
     die Klasse 4 b
    der Schule Meyerstraße

Die Supermarkt-Rallye

Dies ist eine Rallye für die Umwelt. Anhand verschiedener Aufgabenstellungen können die Kinder das Angebot der Supermärkte untersuchen und dabei mögliche Abfallquellen ausfindig machen. Ziel der Rallye ist es, den umweltfreundlichsten Supermarkt der Stadt bzw. des Stadtteils auszukundschaften.

■ *Vorher zu beachten:*

☐ Die zu lösenden Aufgaben müssen aufgeschrieben und für jede Gruppe fotokopiert werden.

☐ Optimal ist es, wenn die Kleingruppen aus maximal vier Kindern bestehen.

☐ Der Aufgabenzettel sollte mit einem Einleitungstext versehen werden, der Aufgaben über den Zielort und den Zeitpunkt der Rückkehr enthält.

☐ Die Rallye sollte zu einer Tageszeit durchgeführt werden, an der die Supermärkte nur mäßig besucht sind. Der Vormittag und der frühe Nachmittag haben sich als sehr günstig erwiesen.

☐ Die Ergebnisse der Rallye können in der Schulzeitung oder auf einer Wandtafel veröffentlicht werden.

■ *Rallye-Plan:*

So Kinder, jetzt geht's los! Welches ist der umweltfreundlichste Supermarkt der Stadt???

Wenn ihr die folgenden Aufgaben löst, können wir das alle zusammen herausfinden. Euer Zielort ist der Supermarkt „Comet" in der Pappelstraße. Zu Fuß seid ihr in 10 Minuten dort. Für die Lösung der Aufgaben habt ihr 60 Minuten, also eine ganze Stunde, Zeit. Wir erwarten euch um 15.00 Uhr zurück.

■ *Hier Eure Aufgaben:*

Geht zuerst in die Obst- und Gemüseabteilung!

1. Wie ist die frische Ware verpackt?

2. Werden Obst- und Gemüsesorten auch lose angeboten?

3. Könnt ihr Waren entdecken, die das Etikett „biologisch angebaut" tragen?

4. Wo kommen Obst und Gemüse her? Wird der Großteil in Deutschland produziert oder eher aus weit entfernten Ländern zu uns transportiert?

■ *Nun zum Kühlregal:*

5. Gibt es Milch in Pfandflaschen zu kaufen?

6. Wie sieht es mit Joghurt, Schlagsahne und sonstigen Milchprodukten aus?

7. Sind die Eierschachteln aus Pappe oder aus Plastik?

ÄPFEL KG. 1.99,- | TOMATEN KG. 1.99,- | MÖHREN KG. 0,99,-

■ *Ein Rätsel für alle:*

8. Wieviele Kilometer legt ein Erd-beerjoghurt zurück (angefangen auf der Kuhweide), bis er im Supermarkt landet?

☐ mehr als 5 km
☐ mehr als 50 km
☐ mehr als 500 km
☐ mehr als 5000 km

(Bitte ankreuzen)

Ob es die Verkäuferin weiß? Fragt sie doch mal!

9. Habt ihr die Möglichkeit, mit dem Geschäftsführer oder der Geschäftsfüh-rerin zu sprechen? Fragt sie, was ihr Supermarkt für die Umwelt tut und ob er hilft, den Abfall zu reduzieren!

■ *Geht nun in die Getränkeabteilung!*

10. Wieviele Getränkesorten werden in Pfandflaschen angeboten?

11. Wieviele verschiedene Dosenge-tränke führt euer Supermarkt?

12. Ist die Pfand-Annahmestelle leicht zu finden?

13. Könnt ihr in anderen Abteilungen Dinge entdecken, die übertrieben ver-packt sind?

14. Gibt es Produkte, die verpackungs-sparend angeboten werden? (z. B.: Waschmittel im Karton, Spülmittel zum Nachfüllen etc.)

15. Führt euer Supermarkt Klopapier und Taschentücher aus 100 % Altpa-pier?

16. Steht für alte Batterien ein Sammel-behälter zur Verfügung?

■ *Seht euch nun an der Kasse um!*

17. Werden Plastiktüten oder Stoffbeutel an der Kasse verkauft?

18. Wenn ihr beides entdeckt, was wird mehr gekauft? Was ist billiger?

19. Stehen vor dem Ausgang Sammelbehälter, in denen die Verpackungsmaterialien getrennt entsorgt werden können? Wenn ja, welche?

20. Wohin kommt der Verpackungsmüll? Fragt an der Kasse!

Joghurts auf Reisen

Wenn alle Fragebögen zur Supermarkt-Rallye in der Gesamtgruppe ausgewertet werden, darf natürlich des Rätsels Lösung nicht fehlen:

Stefanie Böge, eine Studentin der Universität Dortmund, verfolgte den Weg eines Erdbeerjoghurts der Stuttgarter Südmilch – sozusagen von der Kuh bis zum Supermarktregal in Süddeutschland und stellte Erstaunliches fest.

■ Milch und Zucker kommen ganz aus der Nähe des Produktionsortes. Anreisestrecke: wenige Kilometer.

■ Die Bakterienkulturen, die Milch zu Joghurt werden lassen, wurden aus Niebüll, Schleswig-Holstein, nach Süden gefahren.

■ Aus nordrhein-westfälischen Rohstoffen wird in Bayern ein Glas gefertigt und dann nach Stuttgart transportiert.

■ Der Aluminiumdeckel kommt vom Niederrhein nach Bayern, dort aufs Glas und geht dann nach Schwaben.

■ Die Erdbeeren wachsen in Polen.

■ Sie werden in Aachen verarbeitet, bevor sie in Stuttgart zum Joghurt kommen.

■ Für die Transportverpackung der fertig gefüllten Gläser wurde Material aus Bad Rappenau, Aalen, Köln, Lüneburg, Varel, Ludwigsburg, aus Österreich und Frankreich verarbeitet.

Gesamtstrecke: 7587 Kilometer!!!

DAS KOMMT GAR NICHT IN DIE TÜTE!

Was ist die beste Alternative zum Müll? Kein Müll! Do **2** ch wie geht das? Der zweite Teil zeigt spieleris che Methoden zur Abfallvermeidung und -verwertung.

DAS KOMMT GAR NICHT IN DIE TÜTE!

Vermeiden und verwerten

Endlich ist der lange Tag geschafft! Die schweren Einkaufstaschen sind schon bis nach oben geschleppt und jetzt noch schnell das lästige Auspacken. Immer dauert es länger als man denkt. Die bunten Hüllen fallen gnadenlos, große Kartons werden zerrissen und knisternde Tüten abgestreift. Hinein damit in die „Wertstoff-Tonne", die sich auf diese Weise mühelos füllt. Am Sammeltag wird sie dann wieder treppab geschleppt, bereit für die nächste Leerung. Mit ihrem Inhalt verschwinden jede Menge investierte Energie und nutzlos verbrauchte Rohstoffe.

Die eingekaufte Ware ist nun endlich von der voluminösen Verpackung befreit und kann bequem in den Schränken verstaut werden. Verbraucher und Verbraucherinnen zahlen für diese Mehrarbeit gleich dreimal: Zum ersten Mal beim Einkauf, zum zweiten Mal die erhöhten Müllgebühren und später durch die steigenden Umweltbelastungen.

Können wir denn wirklich nicht auf Wegwerferzeugnisse, Mogelverpackungen und Einwegprodukte verzichten?

Doch, wir können!

Wie, das zeigt der folgende Teil. Methoden der Abfallvermeidung und -verwertung werden spielerisch vermittelt und durch kindgerechtes Informationsmaterial sinnvoll ergänzt.

Zu Beginn wird es um die Frage gehen, was Abfall eigentlich ist. Ist er wirklich so schmutzig und wertlos, wie immer gedacht wird? Oder dient diese Herangehensweise nur dazu, sich von dem eigenen Dreck leichter distanzieren zu können?

Was ist eigentlich alles Abfall?

Des weiteren werden Ideen zur Abfallvermeidung einen zentralen Platz in der Gruppenarbeit einnehmen. Denn wo kein Müll entsteht, wachsen uns die damit verknüpften Umweltprobleme auch nicht über den Kopf. Das heißt natürlich nicht, daß eine gezielte Abfallverwertung vernachlässigt werden sollte.

Schließlich spart das Recycling Rohstoffe und Energie, bei gleichzeitiger Schonung der Lebensräume. Es ist jedoch wichtig, den Kindern die Grenzen der Verwertungsstrategien aufzuzeigen und ihnen alternative Handlungsmöglichkeiten anzubieten.

Abschließend beschäftigt sich dieser Teil mit den Methoden der Müllbeseitigung und den damit verbundenen Umweltbelastungen. Gemeinsam mit den Kindern lassen sich ökologische Perspektiven entwickeln, die einen aktiven Umgang mit dem eigenen Müll fördern.

Die Kinder der Stadt Hibidu

Eine Geschichte zum Vorlesen, Weiterspinnen, Nachdenken und Diskutieren ...

Es begab sich zu einer Zeit, als die Städte immer größer und stinkiger wurden, daß alle unzufriedenen Kinder zusammenkamen, um über die weitere Zukunft zu beraten.

Was sollte geschehen?

Die Kinder hatten längst keine Lust mehr, auf den verdreckten Straßen zu spielen und die verpestete Stadtluft zu atmen. Sie wünschten sich endlich wieder grüne Wiesen zum Toben, saubere Seen zum Baden und viele neue Spielplätze zum Spaß haben.

Da die Kinder wußten, daß die Erwachsenen nicht auf ihre Wünsche hören würden, beschlossen sie, ihre eigene Stadt zu gründen. Die neue Stadt wurde Hibidu genannt, weil allen Kindern der Name gut gefiel. Außerdem kannten sie keine andere Stadt, die

so hieß, und ihre Stadt sollte schließlich etwas Besonderes sein.

Als erstes erfüllten sich die Kinder alle ihre Wünsche: Stinkige Autos wurden verboten, stattdessen bauten sie viele Fuß- und Fahrradwege. Anstelle von Parkplätzen wurden große Spielwiesen angelegt. In Hibidu gab es auch keine Hochhäuser mehr, die Kinder lebten in kleinen verwinkelten Häuschen mit großen Fenstern, in die man am Tage immer hineinschauen konnte.

Es wurden viele Bäume gepflanzt und Gärten voller Blumen angelegt. Als die Kinder diese Arbeit beendet hatten, setzten sie sich wieder zusammen, um zu überlegen, was in ihrer schönen Stadt noch fehlte. Einige Kinder riefen: „Wir brauchen noch mehr Spielzeug!" und andere forderten: „Wir wollen wieder Pommes essen!".

Also wurden schleunigst Spielwarenläden und Imbißbuden eröffnet.

Auf diese Weise erfüllten sich die Kinder einen Wunsch nach dem anderen und spielten ansonsten den ganzen Tag. Die ersten Wochen war die Stadt Hibidu für alle ein Schlaraffenland.

Wenn den Kindern ein Spielzeug zu langweilig wurde, warfen sie es einfach fort und besorgten sich ein neues. Da sie keine Lust zum Kochen hatten, aßen sie zu Mittag und zu Abend in den Imbißbuden.

Noch weniger Lust hatten sie natürlich zum Abwaschen und so benutzten sie jeden Tag Plastikgeschirr, das man einfach wegschmeißen konnte, wenn es dreckig war.

Die Müllhalden, die vor der Stadt Hibidu lagen, begannen kräftig zu wachsen. Jeden Tag kam neuer Müll hinzu: langweilig gewordenes Spielzeug, Berge von Getränkedosen und Plastikgeschirr, kaputte Fahrräder und zerrissene Klamotten.
Die Kinder von Hibidu wollten immer das Neueste haben und nur mit den schönsten Sachen spielen. Sie dachten nicht darüber nach, daß alles, was sie benutzt und in den Abfall geworfen hatten, niemals verloren gehen würde. Sie glaubten, daß das, was sie nicht mehr sahen, auch für immer verschwunden wäre. Doch der Müll sammelte sich unaufhörlich vor der Stadt und wurde mit jedem Tag mehr.

Es dauerte nicht lange, da begannen die Müllhalden fürchterlich zu stinken. Der Gestank zog durch die ganze Stadt und brannte so schrecklich in der Nase, daß die Kindern kaum noch draußen spielen konnten. Die Müllhalden waren zu hohen Bergen geworden. Sie ließen kaum noch Sonne in die Stadt und es wurde von Tag zu Tag dunkler. Unter den Kindern brachen erste Krankheiten aus und einige Vögel starben, weil sie giftige Abfälle gefressen hatten.
Daraufhin wurden alle Kinder schnellstens zusammengerufen. Sie wollten unbedingt etwas tun, um die drohende Müllkatastrophe zu verhindern.
Was konnten sie tun?

Anhand der Geschichte „Die Kinder der Stadt Hibidu" können folgende Fragestellungen in der Gruppe erörtert werden:

☐ Was ist eigentlich Abfall?
☐ Wo kommt er hin?
☐ Welche Alternativen der Müllvermeidung und Müllverwertung kennen wir?

Diskussion in der Gruppe

Das Vorwissen der Kinder kann auf diese Weise erkundet werden und findet bei den weiteren thematischen Angeboten eine entsprechende Berücksichtigung.

Spielzeug und Müll

Eine ganz
neue Sichtweise

Ein thematischer Einstieg in die oben genannten Fragestellungen kann auch über das eigene Spielzeug stattfinden. Wenn die Kinder ihr Lieblingsspielzeug von Zuhause mitbringen, besteht die Möglichkeit, es in Hinblick auf seine Materialzusammensetzung zu untersuchen. Dadurch ergibt sich eine ganz andere Sicht auf das Spielzeug, denn so haben die meisten Kinder ihre Lieblingsspiele und -kuscheltiere sicherlich noch nicht betrachtet. Vielleicht erinnern sie sich noch daran, in welcher Verpackung sie das Spielzeug bekommen haben?

Anhand verschiedener Anregungen läßt sich ein Gespräch über Spielzeugherstellung, Werbestrategien und gleichzeitiger Müllproduktion entwickeln.

Sammelsuses Spielzeug-Ratgeber

Habt ihr schon mal darüber nachgedacht, daß euer Spielzeug nicht einfach aus dem Spielzeuggeschäft kommt?

Rohstoffe

Auch Spielzeug wird aus Rohstoffen gemacht, die wir aus der Erde holen. Spielzeug macht nicht nur Müll, wenn ihr es wegwerft, sondern schon wenn es hergestellt wird. Und die vielen Verpackungen erst!!!

Das meiste Spielzeug wird sehr aufwendig verpackt, damit die Kinder oder deren Eltern es eher kaufen. Auch das bedeutet eine Verschwendung von Bodenschätzen, gegen die ihr etwas tun könnt.

Nicht, daß ihr denkt, ihr dürft jetzt kein Spielzeug mehr kaufen. Dann wäre die Welt ja völlig öde!

Schaut euch die Sachen, mit denen ihr gern spielt, doch einfach mal genauer an. Woraus sind sie gemacht – aus Stoff, Plastik oder Holz? Kriegt ihr den Unterschied heraus zwischen stabilen Spielsachen und solchen, die schnell kaputt gehen? Wovon habt ihr mehr?

Früher gab es einen Puppendoktor, der alle alten und kaputten Puppen wieder reparierte. Dann konnten die Kinder damit weiterspielen. Kennt ihr so etwas heute noch? Habt ihr schon mal eins von Euren Spielzeugen repariert?

In einem Spielzeugladen könnt ihr viele Sachen finden, die zwar teuer und „mega-in" sind, die aber nichts aushalten. Wenn ihr euch also das nächste Mal ein Spielzeug kauft, dann achtet darauf, wie stabil es ist. ihr könnt bei der Auswahl Eure Eltern um Hilfe bitten oder eine Verkäuferin um Rat fragen. Denn Spielsachen, die lange halten, muß man nicht dauernd ersetzen. Das ärgert zwar den Spielwarenhersteller, weil er nicht mehr so viel verdient – aber dafür freut sich die Umwelt um so mehr. Schließlich werden auf diese Weise weniger Bodenschätze verbraucht und die Müllkippen wachsen etwas langsamer.

Puppendoktor

Um Rat fragen

Verwerten ist gut, vermeiden ist besser

Die beste Alternative zum Müll: kein Müll.
Dies scheint immer noch der sinnvollste Weg aus der
jetzigen Krise zu sein. Natürlich ist das leichter gesagt als getan. Häufig sind wir viel zu bequem, um
über unsere täglichen Wegwerfgewohnheiten nachzudenken. Doch die konsequente Abfallvermeidung
muß zukünftig Priorität besitzen, wenn wir die Müllprobleme langfristig lösen wollen.

Erfahrung sammeln Wie der Beitrag zur Müllvermeidung aussehen könnte und welche vielfältigen Erfahrungen Kinder dabei
sammeln können, zeigen die folgenden Beispiele.

Igitt, ist Müll ekelig! Oder?

Alle Kinder erhalten Karteikarten und Schreibstifte. Zu folgenden Fragen schreiben sie nun ihre Einschätzung auf die Karten:

1. Was ist für Dich Müll?
2. Was empfindest Du, wenn Du an Abfall denkst?

Karten und Stifte

Die Karten werden nach zehn Minuten wieder eingesammelt und an der Tafel bzw. auf einem Schaubild zwei verschiedenen Spalten zugeordnet. Die linke Seite erhält alle positiven Meinungen und an der rechten Seite werden die Karten mit den negativen Empfindungen geheftet. Diese Aufgabe kann von zwei Kindern der Gruppe übernommen werden, die die Karten vor dem Zuordnen jeweils vorlesen. Sind sämtliche Karten angebracht, kann über ihre unterschiedliche Gewichtung diskutiert werden:

■ Warum lernen wir, daß bestimmte Dinge „iii", „bäbä" oder „ekelig" sind?

■ Kann für eine Person irgendetwas Müll sein, was jemand anderes eventuell noch brauchbar findet?

■ Ist die Frage nach der Definition von „Müll" Ansichtssache oder brauchen wir allgemeine Regeln, die für alle gelten?

Darf's ein bißchen weniger sein?

Die Gruppe sammelt ihren eigenen Müll über mehrere Tage. Statt in den Papierkorb, wandern die Abfälle in einen großen Karton. Ist er voll, wird sein Inhalt genauer unter die Lupe genommen:

Müllsammlung

☐ Welchen Müll haben wir produziert?

☐ Welche Abfälle hätten vermieden werden können?

☐ Gibt es Möglichkeiten, einige Dinge weiterzuverwenden?

*Tips für die Arbeit
am Thema*

Luzy und Theobald

Das „Dritte-Welt-Haus" in Bielefeld veröffentlichte 1993 eine Projektmappe mit dem Titel „Müllgeschichten aus der EINEN WELT". Diese Mappe enthält zahlreiche Projektbeispiele für die schulische und außerschulische Bildungsarbeit.

In dem abwechslungsreich gestalteten Heft finden sich Texte, Arbeitsblätter und Zeichnungen zum Thema Müll. Ein Großteil der Materialien läßt sich direkt

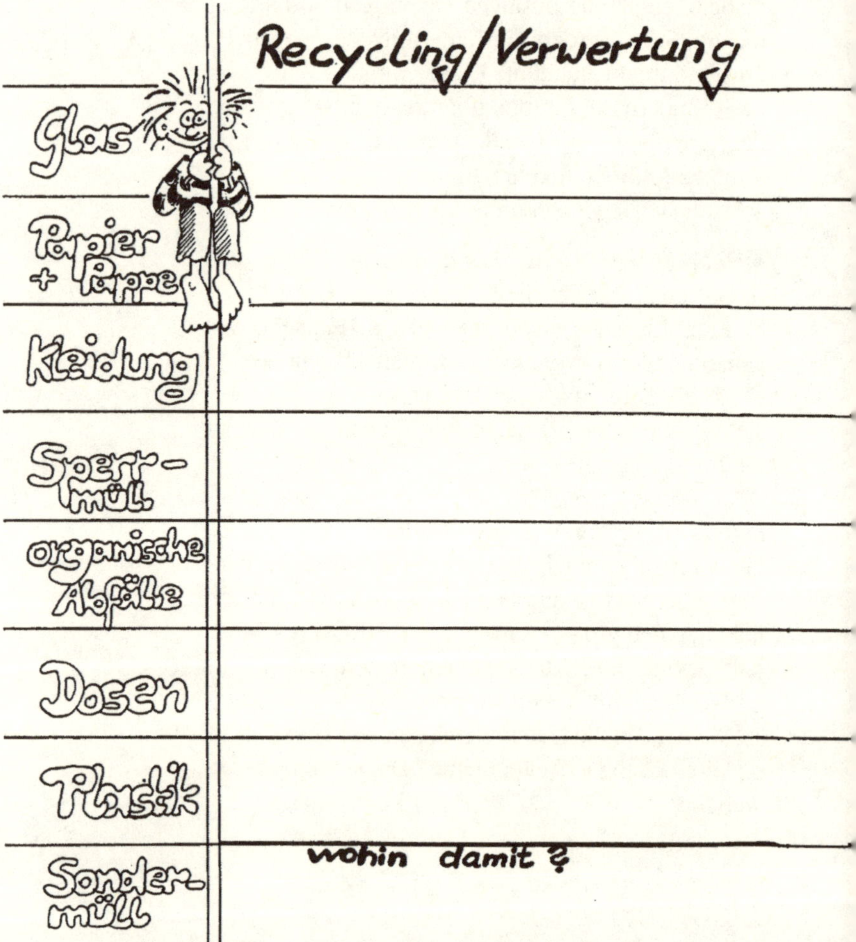

Recycling/Verwertung

Glas

Papier + Pappe

Kleidung

Sperr- müll

organische Abfälle

Dosen

Plastik

wohin damit?

Sonder- müll

für die Gruppenarbeit übernehmen. Luzy und Theobald kommentieren die einzelnen Projektinhalte. Die folgenden zwei Arbeitsbögen zur Müllvermeidung und -verwertung sind dieser anschaulichen Sammlung entnommen. Der erste Bogen ist als Kopiervorlage für die Kindergruppe gedacht, der zweite als Informationsblatt für Pädagoginnen und Pädagogen.
Viel Spaß beim Ausfüllen!

Die LehrerInneninformation zum diesem SchülerInnen Arbeitsbogen steht auf Seite 142

Die Projektmappe kann über das Dritte-Welt-Haus Bielefeld, August-Bebel-Straße 62, 33602 Bielefeld bezogen werden

Ex und Stop!

Welche Ideen zur aktiven Müllvermeidung lassen sich gemeinsam mit den Kindern umsetzen? Hier eine kleine Auswahl:

Spielzeug-Tauschbörse

Langweilig gewordenes Spielzeug muß nicht in den Müll und kaputtes läßt sich vielleicht noch reparieren. Zu diesem Zweck veranstalteten wir eine Tauschbörse in dem nahegelegenen Stadtteilzentrum. An die Eingangstür wurde ein großes Plakat gehängt, welches die Kinder selbst gestaltet hatten. Unter der Überschrift „SPIELZEUG MACHT AUCH MÜLL – STOPPT DIE MÜLLBERGE!" war eine Bildcollage mit einem riesigen Spielzeug-Müllberg zu sehen.

So manches ausgediente Spielzeug wechselte an diesem Tag seinen Besitzer und die Veranstaltung wurde ein voller Erfolg.

Klamotten-Flohmarkt

Einer ähnlichen Idee lag der Klamotten-Flohmarkt zugrunde. Auch hier ging es darum, zu klein oder unbrauchbar gewordene Kleidung weiterzugeben anstatt sie wegzuwerfen.

Die Kinder, die auf dem Flohmarkt verkaufen wollten, mußten sich vorher bei der Gruppenleiterin anmelden, damit genügend Tische bereitgestellt werden konnten.

Das Angebot wurde von Kindern und Eltern genutzt, die sich nebenbei über den Verlauf unseres Müllprojektes informieren konnten.

Plastiktüte? – Nein, danke!

Unter diesem Motto wurden in der Gruppe wiederverwendbare Einkaufsbeutel angefertigt. Alte Leinentücher dienten als Rohmaterial.

Für die Anfertigung der Beutel wird der Stoff in 40 x 80 cm große Stücke geschnitten. Die einzelnen Teile anschließend säumen und auf der Hälfte zusammenklappen. Nun noch die Seitennähte schließen, eventuell eine Kordel durchziehen oder Henkel annähen – fertig ist die umweltfreundlichste Einkaufstasche.

Damit sie jedoch nicht so langweilig aussehen, sollte man ihnen spätestens jetzt mit etwas Stoffmalfarbe zu Leibe rücken. Bunt bedruckt oder bemalt sehen sie gleich viel peppiger aus!

Das Einkaufsquiz –
Welche Produkte sich beim Einkauf vermeiden lassen, um Müll zu sparen, kann mit den Kindern anhand eines lustigen Fragebogens erarbeitet werden.

Das Einkaufsquiz

1. Welche Getränkeverpackung ist am umwelt-
freundlichsten?
☐ Verbundkarton
☐ Nuckelflasche
☐ Pfandflasche

2. Bei welchen Getränkeprodukten ist die Ver-
packung teurer als der Inhalt?
☐ Dosenbier
☐ Colaflasche
☐ Brausepulver

3. Wieviele Getränkedosen werden in Deutschland
jährlich weggeworfen?
☐ gar keine
☐ 4 Millionen
☐ 4 Milliarden

4. Woran erkennst Du Mogelverpackungen?
☐ überflüssig groß
☐ kostet nichts
☐ besonders dünn ·

5. *Welche Verpackung läßt sich*
problemlos entsorgen?
☐ Styropor
☐ Altpapier
☐ Klarsichtfolie

6. *Was ist Hartschaum?*
☐ erkalteter Badeschaum
☐ Kunststoff
☐ Rasierschaum

7. *Welche Einkaufstüte verbraucht bei*
der Herstellung die wenigsten Rohstoffe?
☐ Papiertüte
☐ Stofftüte
☐ Knalltüte
☐ Plastiktüte

8. *Was sind Wegwerfartikel?*
☐ Silvesterknaller
☐ Plastikfeuerzeuge
☐ Tempotücher

KAUM ZU GLAUBEN!
Wenn man alle Hartschaumbehälter
aneinanderlegen würde, die an
einem Tag produziert werden, reichte
die Strecke einmal rund um die Erde.

Süßer Schmaus

Kaufen oder
selbermachen

Hallo! Hier meldet sich die Sammelsuse zurück.

Ich möchte noch über ein Thema plaudern, das besonders Kinder interessiert, nämlich die Süßigkeiten. Gerade habe ich mir einen Schokoriegel gekauft und festgestellt, daß der völlig aufgemotzt war, mit dem ganzen Einwickelpapier und so. Im Laden sah der Riegel noch viel größer aus. Aber jetzt, wo ich ihn von seinen drei Papierschichten befreit habe, ist er plötzlich klitzeklein geworden.

So viel Verpackung ist doch wieder mal vollkommen überflüssig. Wahrscheinlich ist das alles Nepp. Aber die Werbeonkel denken bestimmt: Was besonders bunt ist, das kaufen die Kinder am liebsten. Denkste! Wir haben doch schließlich was im Kopf!

Also, ich rate euch: Bei Süßigkeiten müßt ihr ganz genau auf die Verpackung achten. Alles ist doppelt und dreifach eingewickelt. Erst Silberpapier, dann bedrucktes Papier und manchmal sogar noch eine Plastikhülle drumherum. Glatter Wahnsinn!

Nun habe ich mir gedacht, laß dich nicht einwickeln, Mädel, du hast doch irgendwo noch Rezepte, mit deren Hilfe man Süßigkeiten selbermachen kann. Ist wirklich kinderleicht.

Also bin ich gleich in meine Rumpelkammer und siehe da, ich hab' sie sofort gefunden. Viel Spaß beim Ausprobieren, ihr Schleckermäuler!

Schoko-Flocken

Zutaten: 200 g Cornflakes,
100 g Vollmilchschokolade

Zutaten: Die Schokolade in kleine Stücke brechen und in einer Pfanne schmelzen. Dann die Cornflakes hinzugeben und mehrmals in der Schokosoße wenden, bis sie von allen Seiten schön braun sind.
Anschließend die Schoko-Flocken auf einen großen Teller geben und erkalten lassen. Die fertigen Stücke auseinanderbrechen und in den Mund schieben – einfach köstlich!

Haselnußkekse

Zutaten: 4 Eiweiße, 200 g Honig, 160 g gemahlene Haselnüsse

Zubereitung: Die Eiweiße werden mit dem Mixer steif geschlagen. Dann unter ständigem Rühren den Honig hinzufügen und die gemahlenen Haselnüsse vorsichtig unterheben. Der Backofen wird auf 180°C vorgeheizt. Nun das Backblech mit Pergamentpapier auslegen und in genügendem Abstand kleine Häufchen der Eiweißmasse daraufsetzen. Die Kekse auf der zweituntersten Schiene bei 200° C etwa 20 Minuten backen.

Mandelmarzipan

Zutaten: 200 g abgezogene Mandeln, 100 g Blütenhonig, Mandelsplitter oder Schokostreusel zum Garnieren

Zubereitung: Die Mandeln werden in der Küchenmaschine zuerst ganz fein gemahlen. Anschließend den Honig unterrühren, bis sich ein dicker Kloß bildet.
Aus der fertigen Marzipanmasse lassen sich kleine Kugeln formen, die dann nach Belieben garniert werden können.

„Riesseikling"

Das englische Wort Recycling tauchte bei uns erst Mitte der 60er Jahre auf. Es hat seinen Ursprung in dem altgriechischen Wort „Kyklos", was übersetzt „Kreis" bedeutet.

In den Kreis zurück

Recycling meint also, etwas in den Kreis zurückgeben. In Bezug auf das Thema Müll geht es um die Rückführung von Rohstoffen in den Produktionskreislauf. Wir kennen die Wiederverwertung von Altstoffen besonders bei Glas, Papier und Metallen.

In Deutschland ist Recycling zum Zauberwort avanciert, das für unsere wachsenden Müllprobleme die passenden Lösungen liefern soll. Wiederverwertungsfirmen schießen wie Pilze aus dem Boden und das von der Industrie gegründete „Duale System" verkauft seinen „Grünen Punkt" in der Öffentlichkeit als eine Art Umweltengel.

Dabei wird der „Grüne Punkt" nicht nach ökologischen Kriterien vergeben. Er befindet sich ausschließlich auf Einwegverpackungen, deren Verwertung nicht immer gesichert ist. Besonders bei Kunststoffprodukten fehlen technische Verfahren und Anlagen zur Sortierung und Wiederverwertung. So landen unsere Plastikabfälle immer wieder in Ländern wie Indonesien, Israel oder Bulgarien.

Müll verringern

Um unsere Müllberge tatsächlich zu reduzieren, wäre es notwendig, Mehrwegsysteme weiter auszubauen und Wegwerferzeugnisse durch langlebigere Güter zu ersetzen. Das setzt jedoch eine Veränderung unserer Lebensgewohnheiten und der industriellen Produktionsstrukturen voraus.

Die derzeitigen Recyclingversprechen führen dazu, daß Verbraucherinnen und Verbraucher dazu neigen,

Einwegverpackungen wieder stärker zu akzeptieren.
Der Verkauf von Getränkedosen boomt und letztlich
macht eine vom Markt verdrängte Mehrwegflasche
fast 150 Getränkedosen für den Handel absetzbar.
Nichtsdestotrotz spart die Wiederverwertung Rohstoffe und Energie und schont die Umwelt.

Schluß mit den Dosen

Im folgenden geht es darum, die Möglichkeiten und
Grenzen der heutigen Recyclingpraxis in der Gruppe zu erarbeiten und zu diskutieren.

Glas, Papier und Co.

Für jedes Kind wird ein Kärtchen angefertigt, auf
dem ein Müllgegenstand geschrieben oder gemalt ist.
Im Gruppenraum werden mit Hilfe von Schildern
verschiedene „Entsorgungsplätze" eingerichtet: Glascontainer, Gelber Sack, Restmülltonne, Altpapier-
sammlung, Komposthaufen, Sondermüll und Altklei-
dersammlung.
Jedes Kind zieht nun eine Karte und ordnet sich mit
seinem Gegenstand dem passenden Entsorgungs-
platz zu. Stehen alle Kinder richtig?
Das Spiel kann in mehreren Durchgängen
wiederholt werden, sobald die Karten neu
verteilt sind.

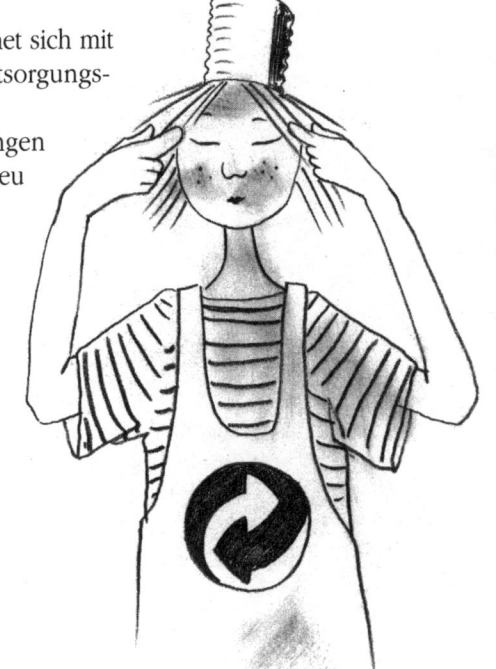

Die Mülldebatte

Ein Rollenspiel

In diesem Rollenspiel werden die verschiedenen Standpunkte zur Müllproblematik näher untersucht.

Immer zwei Kinder bilden eine Müllfraktion. Sie ziehen eine Karte, auf der die Rolle und Meinung, die sie darstellen sollen, kurz skizziert sind.

Nach etwa zehnminütiger Vorbereitungszeit treten jeweils zwei Fraktionen mit konträren Standpunkten gegeneinander an. Die Diskussionsleitung wird von der Gruppenleiterin oder dem Gruppenleiter übernommen. Alle anderen Kinder stellen das Publikum dar und haben die Möglichkeit, Fragen an die Müllfraktion zu stellen.

Folgende Rollen können in der sicherlich spannenden Mülldebatte besetzt werden:

KAUM ZU GLAUBEN!

Mit den Milch-Einwegkartons, die wir jedes Jahr wegwerfen, könnte man eine Mauer von 2450 Kilometern Länge und 16 Metern Höhe errichten.

A

Petra Preisgünstig:
Wir leben von der Sozialhilfe und gehen immer in den großen Supermärkten einkaufen, weil es dort am billigsten ist. Die meisten Lebensmittel sind natürlich in Plastik eingeschweißt – aber wenn man nur so wenig Geld im Monat hat, kann man eben nicht in einen teuren Bioladen gehen.

Timmi Trottel:
Also ich habe mir gerade ein Spielzeugauto gekauft, das war echt geil verpackt. Ein großer Karton mit Plastikfenstern und Glanzpapier drumherum. Sieht super aus. Ich steh' auf tolle Verpackungen – das macht den Inhalt doch viel attraktiver.

Fidi Flasche:
Auf keinen Fall sollte man Alu-Getränkedosen kaufen. Um Aluminium herzustellen, werden ganze Landschaften zerstört und Unmengen an Energie verbraucht. Wenn ihr mich fragt – Alu? Nein danke!

Rita Rastig:
Ich bin alleinerziehend und berufstätig. Die anfallende Hausarbeit ist für mich kaum zu schaffen. Da soll ich jetzt auch noch den Müll waschen und sortieren – das geht entschieden zu weit. Wer bezahlt mir diese Mehrarbeit?

B

Berta Balkonia:
Also die meisten Supermärkte haben Einwegverpackungen. Man kann besser auf dem Wochenmarkt einkaufen, um unverpackte Ware zu bekommen – da ist es auch gar nicht teuer. Logisch, daß wir auch verpackte Sachen kaufen. Aber wir achten auf Mehrwegbehälter und wiederverwendbares Verpackungsmaterial.

Susi Sorgsam:
Ich finde Verpackungen völlige Verschwendung – außer man nimmt sie vielleicht noch zum Basteln. Aber eigentlich könnten sie umweltfreundlicher sein. Für Verpackungen wird viel zu viel Energie verpulvert.

Annabelle Alu:
Wir wissen doch alle, daß sich Aluminium sehr gut recyceln läßt. Somit brauchen wir auch zukünftig nicht auf dieses vielseitig verwendbare Leichtmetall zu verzichten.

Alfred Anspruchsvoll:
Müllsortieren muß sein. Damit können wir wenigstens einen Teil der verbrauchten Rohstoffe wieder zurückgewinnen. Die armen Länder dieser Erde dürfen nicht weiter ausgebeutet werden. Wir sollten alle abfallbewußt einkaufen.

Der Schulranzen

Dieser Abschnitt ist für höhere Altersstufen gedacht und sollte erst gegen Ende der Behandlung des Themas „Müll" mit den Kindern erarbeitet werden. Anhand eines Textbeispiels lassen sich die Vermarktungsinteressen des Handels und die ökologischen Folgen aufzeigen.

Der erfolgreiche Jugendbuchautor Erich Kästner schrieb schon 1957 in seinen Kindheitserinnerungen „Als ich ein kleiner Junge war" über die Unwirtschaftlichkeit langlebiger Produkte:

„Mein zukünftiger Vater war ein erstklassiger Handwerker, ja ein Lederkünstler, aber ein schlechter Geschäftsmann. Und eines hing mit dem anderen eng zusammen. Den Schulranzen, den er mir 1906 machte, war, als ich 1913 konfirmiert wurde, noch genauso neu wie an meinem ersten Schultage."

Und weiter:

„Er wurde dann an irgendein Kind in der Verwandtschaft verschenkt und immer wieder weitervererbt, sobald das jeweilige Kind aus der Schule kam. Ich weiß nicht, wo mein guter alter brauner Ranzen heute steckt. Doch ich würde mich nicht wundern, wenn er nach wie vor auf dem Rücken eines kleinen Kästners oder Augustins zur Schule ginge!"

Erich Kästner kommt dann zu dem Schluß:

„Jedenfalls, wer Schulranzen macht, die nie kaputtgehen, verdient zwar höchstes Lob, aber ist für ihn und seine Zunft ein schlechtes Geschäft. Wenn ein Kind drei Ranzen braucht, so ist der Umsatz wesentlich höher, als wenn drei Kinder einen Ranzen brauchen. In dem einen Falle würden drei Kinder neun Ranzen brauchen, im andern Fall einen einzigen. Das ist ein kleiner Unterschied …"

KAUM ZU GLAUBEN!

Ein neues Auto von einer Tonne Gewicht hat bereits vor der ersten Probefahrt fünfundzwanzig (!) Tonnen Abfall produziert.

aus: Erich Kästner „Als ich ein kleiner Junge war", Hamburg 1957

Im Anschluß an den Textauszug können folgende Fragen in der Gruppe diskutiert werden:

1. Wie oft mußten wir schon unsere Schulranzen wechseln?
2. Aus welchem Material sind die Schultaschen heutzutage gemacht? Lassen sie sich so problemlos entsorgen wie früher?
3. Wer hat ein Interesse daran, daß Eltern möglichst oft neue Schulranzen kaufen?
4. Ist ein guter Geschäftsmann etwa einer, der kurzlebige Produkte und damit viel Müll produziert?
5. Wie läßt sich eurer Meinung nach der Konflikt zwischen Profitinteresse und Umweltschutz lösen?
6. Sollten Herstellerfirmen zur Vermeidung überflüssiger und umweltschädlicher Produkte (z. B. Verpackungen) gesetzlich verpflichtet werden?

In einer weiterführenden Debatte kann den Kindern aufgezeigt werden, daß die meiste Umweltverschmutzung bereits bei der Herstellung eines Produktes anfällt. Am Beispiel einer Alu-Getränkedose kann dies besonders gut verdeutlicht werden (siehe auch S. 80).

Ebensowichtig ist es darauf hinzuweisen, daß die Industrie mit einem Anteil von über 70 Prozent am deutschen Gesamtmüllaufkommen die größte Müllquelle darstellt. Trotzdem sollte immer wieder auf den privaten Hausmüll Bezug genommen werden, da er in die direkte Einflußsphäre der Kinder gehört.

Schutt unterm Farn

Die nachfolgende Müllgeschichte „Schutt unterm Farn" wurde dem Buch „Es ist doch alles grün – Umweltgeschichten nicht nur für Kinder" von Gudrun Pausewang entnommen. Der Erzählband ist 1991 im Otto-Maier-Verlag, Ravensburg erschienen.

Vater Hickl tuckert mit seinem Traktor in den Wald. Der Traktor zieht einen Anhänger, voll mit abgelatschten Teppichfliesen und zerbrochenen Kacheln. Bad und Wohnzimmer wurden endlich renoviert. Auch ein Berg abgeweichter Tapetenfetzen und zwei lack- und kleisterverschmierte Plastikeimer sind dabei. Und quer darüber liegt ein alter Sprungrahmen, den Mutter Hickl nicht mehr gebrauchen kann. Auf dem thront jetzt Großvater Hickl, der den Vater begleitet. Auf der schmalen Landstraße quer durch den Wald wird er ganz schön durchgerüttelt.

Hinter dem Traktor samt Anhänger schleicht Oliver her. Es ist Vater Hickls Sohn, also Großvater Hickls Enkel. Er hält sich in großer Entfernung, denn seine Backe brennt noch von der Ohrfeige, die ihm der Vater geklebt hat, bevor er mit dem Traktor losgefahren ist. „Das geht dich einen Dreck an, was ich mit dem Dreck mache!" hat der Vater gebrüllt. Aber das sieht der Vater falsch. Es *geht* Oliver was an. Viel sogar!

Der Großvater, der sonst oft für ihn Partei ergreift, hat Oliver diesmal im Stich gelassen, hat sich auf Vatis Seite geschlagen.

„Die Lehrer sind's, die heutzutage den Kindern diese übertriebenen Umweltideen in die Köpfe setzen", hat er geschimpft. „Lauter Grüne!"

Vater Hickl fährt also in den Wald. Es ist *sein* Wald. Er fährt bis zu der scharfen Kurve an der Böschung, die ganz von Farnkraut und Holunderbüschen überwuchert ist. Unterhalb dieser Böschung fließt der Nesselbach vorbei. In dem gibt's noch Forellen.

Vater Hickl hält. Der Großvater klettert vom Anhänger, klappt die Seitenwand herunter und wirft die Plastikeimer in weitem Bogen ins Grüne.

„Vorsicht", sagt Vater Hickl, „nicht daß jemand in der Gegend rumschleicht …" Er weiß schon, daß das, was sie tun, verboten ist.

„Das waren noch Zeiten, als man seinen Dreck abladen konnte, wohin man wollte!" knurrt der Großvater. Dann

steht er Schmiere, während Vater Hickl dem Sprungrahmen einen Schubs gibt, daß er mitten in den Farn
plumpst.

Der Großvater hebt den Arm. Vorsicht! Ein Auto fährt vorbei. Vater und Großvater Hickl klopfen eifrig einen Reifen
ab. Man kann ja mal eine Panne haben ... Kaum ist das
Auto um die nächste Kurve, schleudert Vater Hickl die
Teppichfliesen in die Holunderbüsche hinein. Die Kacheln kippt er zu dem Sprungrahmen in den Farn. Fehlen nur noch die Tapetenreste. Die schiebt er unter die
Büsche, damit der Wind sie nicht fortwirbeln kann. Dann
würden sie auffallen. Bis zum Winter, wenn das Laub fällt,
wird das Papier so grau wie die Erde sein.

Wieder warnt der Großvater. Diesmal kommt ein Wagen
von der anderen Seite. Aber der Anhänger ist ja schon
leer, und von dem Zeug sieht man fast nichts mehr. Ein
paar Farnstauden sind geknickt und auch einige Holunderbüsche hat's erwischt; aber nur, wenn man genauer
hinschaut, entdeckt man eine Ecke des Sprungrahmens,

die aus dem Gewucher ragt. Auf einem Holunderzweig hängt ein Fetzen geblümter Tapete, und tief im Gebüsch schimmert es rotbraun. Das sind die Teppichfliesen. Ganz unten, fast schon am Bachufer, liegen die beiden Plastikeimer, leider ohne jede Deckung.

„Die fallen auf", sagt der Vater zum Großvater. „Und?" meint der Großvater. „Weiß der Teufel, wer diese Dinger da hingeworfen hat!"

Der Vater grinst.

„Als ob der Wald mit so was nicht fertig würde", ruft der Großvater. „Der hat schon ganz andere Brocken überwuchert!"

„Na ja", sagt der Vater nachdenklich. „Du denkst an Tempel im Urwald und so. Aber da gab's noch mehr Wald und weniger Menschen. Aber was macht man mit Bauschutt? Man darf ihn nicht in die Mülltonne tun, und die wäre für solche Mengen auch zu klein. Die nächste Bauschuttdeponie ist drüben in Göllen, vier Kilometer hin, vier zurück, die Gebühr muß man auch noch dazurechnen. Und der Sperrmüll wird erst wieder im Spätherbst abgefahren. Soll mir der Sprungrahmen so lange im Weg rumstehen?"

Ein Stück von ihnen entfernt kauert Oliver im Gebüsch und beobachtet die beiden. Er würde am liebsten hervorstürmen und Vati und Opi schütteln. Aber der Vater ist achtunddreißig Jahre alt, der Großvater siebenundsechzig – und er erst neun. Die lassen sich von ihm nicht schütteln.

Er sieht, wie der Vater und der Großvater auf den Traktor klettern. Vati wendet, dann tuckert er davon. Als der Traktor verschwunden ist, läuft auch Oliver heim, aber über einen anderen Weg. Während Vati und Opi in der Wohnstube Kaffee trinken, holt er sein Fahrrad und fährt zurück in den Wald, an den Tatort.

Dort steht er eine Weile und betrachtet traurig die geknickten Farnwedel, die welken Holunderblätter. Dann klettert er hinunter zum Bach und holt die beiden Eimer herauf. Er füllt sie mit Kachelscherben und hängt sie rechts und links an seine Lenkstange. Und in den

Gepäckträger klemmt er ein paar Teppichfliesen. Als er losfährt, merkt er, daß die Eimer zu schwer sind. Das Fahrrad läßt sich kaum mehr lenken. Fast die Hälfte der Kacheln muß er wieder aus den Eimern nehmen. Er füllt seine Jacken- und Hosentaschen mit Scherben. Den Rest legt er wieder unter den Farn.
Gott sei Dank geht's auf dem Weg nach Göllen nur ein kurzes Stück bergauf. Dort muß er schieben. Aber er schafft es doch in einer halben Stunde. Als er an das Tor der Schuttdeponie kommt, ist es schon zu. Wochentags geöffnet von 14.00–16.30 liest er auf einer Tafel.
Er fragt sich zum Deponieverwalter durch, der den Schlüssel zum Tor hat. Der lacht, als er die halbvollen Eimer und die Teppichfliesen sieht.
„Die Fliesen kannst du in meinen Mülleimer stecken", sagt er, kippt die Kachelscherben in einen alten Zementsack und gibt Oliver die zwei Eimer zurück.
Oliver zieht seinen Geldbeutel aus der Hosentasche und will die Gebühr bezahlen. Er hat sich extra dafür ein Fünfmarkstück aus seiner Sparbüchse genommen, denn sein Taschengeld für diese Woche hat er schon verbraucht. Aber der Deponieverwalter lacht und winkt ab.
„Für so einen Fingerhut voll Schutt brauchst du nichts zu bezahlen", sagt er.
„Es ist mindestens zwanzigmal so viel, oder vielleicht auch vierzigmal", seufzt Oliver. „Ich muß noch ein paarmal wiederkommen."
Der Deponieverwalter fragt ihn, wo er daheim sei. Als er hört, daß Oliver aus Rothenhain kommt, schüttelt er den Kopf.
„Das ist ja der helle Wahnsinn", sagt er. „Warum fährt dein Vater nicht den ganzen Haufen auf einmal her, statt dich zwanzig- oder vierzigmal von Rothenhain nach Göllen zu hetzen – mit dem Fahrrad!"
„Er weiß ja nichts davon, daß ich fahre", murmelt Oliver und zieht die Nase hoch.
Der Deponieverwalter fragt ihn nach seinem Namen. Da schwingt sich Oliver blitzschnell auf sein Fahrrad und saust mit klappernden Eimern davon. Die versteckt er

wieder unter dem Farn, dort an der Kurve im Wald. Dann fährt er heim. Beim Abendessen hat er keinen Appetit. Die Mutter bedrängt ihn mit Fragen, läßt ihn sogar Fieber messen.

Nein, er hat kein Fieber. Aber es ist doch etwas nicht in Ordnung, wenn er freiwillig gleich nach dem Essen zu Bett gehen will!

Er hat eben so viel nachzudenken.

Am nächsten Morgen spricht er mit Alex, seinem Lehrer. Die ganze Pause brauchen die beiden für dieses Gespräch. Olivers Hände sind verschwitzt und heiß und zittern ein bißchen. Aber dann, nach dem Gespräch, wird er ganz ruhig und hält in der Sportstunde als Tormann drei Bälle. Und auf den nächsten Tag setzt der Lehrer einen Ausflug an, genau in den Wald, der Olivers Vater gehört. Er schärft allen Schülern von Olivers Klasse ein, in den ollsten Klamotten zu kommen und nicht zu vergessen, Eimer oder Säcke mitzubringen.

„Was?" fragt der Großvater ahnungslos, als Oliver am nächsten Morgen ohne Ranzen und in einer geflickten Hose loszieht. „Ein Müllsammel-Ausflug? Diese Lehrer kommen auf immer verrücktere Ideen. Aber was kann man schon von einem verlangen, der sich von Neunjährigen duzen läßt!"

Es wird ein richtiges Fest, genau dort, wo der Hicklsche Schutt liegt. Die Kinder suchen und entdecken, sammeln und schleppen. Und mit vereinten Kräften hieven sie sogar den Sprungrahmen den Abhang hinauf. Oben auf der Straße steht ein Kleinbus, der gehört dem Lehrer und seiner Frau, der Regina. Die hat ihn auch hergefahren. Und nun steht sie am Rand der Böschung, nimmt den Kindern die Eimer und Säcke ab und kippt die Kacheln in eine große Wanne. Die Teppichfliesen stopft sie in Müllsäcke, die Tapetenreste in Schachteln.

Alle bemühen sich, auf der Suche nach dem Abfall so wenig Grünes wie möglich zu zertreten und zu knicken. Ganz ohne das geht's natürlich nicht, man kann schließlich nicht schweben. Aber Pflanzen leben ja, Gott sei Dank, und für Welkes und Geknicktes wächst Neues. Gerade wie sie auf der ganzen Böschung bis hinunter zum Bach herumwieseln, eine bunte, laute, quirlige Schar, kommt ein Traktor vorbeigetuckert. Oliver erschrickt. Das ist Vati! Was wird er jetzt tun?

Aber er nickt nur kurz dem Lehrer zu, auch seiner Frau, und macht, daß er fortkommt. Der Staub wirbelt nur so!

„Er hat ein schlechtes Gewissen", flüstert der Lehrer Oliver zu.

Aber Oliver ist sich da gar nicht so sicher. Wahrscheinlich erwartet ihn daheim ein Donnerwetter.

Regina muß zweimal fahren, bis der Hang wieder sauber ist. Mit der zweiten Fuhre verschwinden auch der Sprungrahmen und die beiden verkleckerten Eimer.

Kinder und Lehrer stehen noch eine Weile am Bachufer und schauen den Forellen zu, die sich hin und wieder blicken lassen und durch das klare Wasser jagen. Dann ziehen sie ins Dorf zurück, in Alex' und Reginas Garten, wo Regina schon ein paar Krüge voll Saft bereitgestellt hat. Dort beschließen sie auch, die Deponiegebühren aus der Klassenkasse zu bezahlen.

Dem Oliver wird's im Lehrergarten auf einmal ganz leicht und froh zumute. Egal, ob Vati daheim einen Aufstand macht oder nicht – er, Oliver, hat ja Freunde, auf die er sich verlassen kann. Und die so denken wie er. Da kann man schon mal was aushalten.

■ *Zusatzinformationen:*

Bis in die 70er Jahre hinein war es gang und gäbe, daß die Menschen ihren Müll überall in der Gegend herumwarfen. Es gab noch keine kontrollierten Mülldeponien wie wir sie heute kennen. Die weit verbreiteten „wilden Kippen" lagen häufig in Wohngegenden oder sogar in Naturschutzgebieten. Alle möglichen Abfälle, auch giftige Industrierückstände konnten dort ohne besondere Schutzmaßnahmen abgeladen werden. War die Kippe voll, wurde Erde darübergefahren und Bäume wurden gepflanzt.

Heute weiß man kaum noch, wo überall Müll in der Erde lagert. Nach Schätzungen des Umweltbundesamtes liegt die Anzahl der altlastenverdächtigen Standorte bei 200.000! Dazu zählen nicht nur giftige Deponien, sondern auch ausgediente Industrieanlagen und militärische Übungsgelände.

Mit Verabschiedung des Abfallbeseitigungsgesetzes von 1972 wurden die wilden Müllkippen geschlossen und durch mehr oder weniger kontrollierte Deponien ersetzt. Doch mangelnder Untergrundschutz führte dazu, daß Giftstoffe aus den Müllablagerungen ausgewaschen wurden und ins Grundwasser sickerten.

Ebenso belasten bei der Deponierung entstehende schadstoffhaltige Gase die Luft und die Angst der Bevölkerung vor gesundheitlichen Beeinträchtigungen wächst.

Die Geschichte „Schutt unterm Farn" wirft verschiedene Fragen auf, die in der Gruppe diskutiert werden können:

Diskussion in der Gruppe

■ Wie hätte der Müll von Großvater und Vater Hickl ordnungsgemäß entsorgt werden müssen?

■ Obwohl Großvater und Vater Hickl wußten, daß man keinen Müll im Wald abladen darf, haben sie es trotzdem getan. Was glaubt ihr, warum?

■ Wie findet ihr das Verhalten von Oliver?

■ Habt ihr selber schon einmal wilde Müllkippen gesehen?

■ Kennt ihr den Begriff „Altlasten"? Was verbirgt sich dahinter?

■ Was passiert mit Abfällen, die zur Deponie gebracht werden?

Wo landet unser Müll?

Das Lernen vor Ort gehört immer noch zu den abwechslungsreichsten Methoden in der Gruppenarbeit. Der Besuch einer Müllsortierungsanlage, einer Deponie oder einer Verbrennungsanlage ist in jedem Fall empfehlenswert.

Dabei ist darauf zu achten, daß der geplante Termin mit den entsprechenden Entsorgungsbetrieben abgesprochen wird. Vielleicht kann sogar eine Führung organisiert werden.

Die Kinder sollten sich vor dem Besuch Fragen überlegen, die sie während der Besichtigung beantwortet haben möchten. Hier einige Anregungen:

☐ Was hat die Anlage gekostet?

☐ Wann ist sie gebaut worden?

☐ Woher kommt der Müll, der hier entsorgt wird?

☐ Welche Wertstoffe werden aussortiert?

☐ Ist die Verbrennungsanlage mit einem Rauchgasfilter ausgestattet?

☐ Wann wird die Deponie voll sein?

☐ Wie ist sie abgedichtet?

☐ Entstehen durch die Anlage gesundheitliche Gefahren für die Bevölkerung?

☐ Wieviele Tonnen Müll werden täglich entsorgt?

Das Lied vom Müll

Was wird aus uns-rem Au-to, ist

es nicht mehr mo-bil? Dann wird aus uns-rem

Au-to-chen Müll! Müll! Müll!

2 Was wird aus einem Kleide,
   wenn's nicht mehr passen will?
   Dann wird aus einem Sonntags-
   kleid
   Müll! Müll! Müll!

3 Was wird aus einem Glase,
   zerbrach einmal sein Stil?
   Dann wird aus einem feinen Glas
   Müll! Müll! Müll!

4 Was wird aus alten Stiefeln,
   wenn's warm wird im April?
   Dann wird aus einem Stiefelpaar
   Müll! Müll! Müll!

5 Und geht das stets so weiter,
   so ohne Sinn und Ziel,
   dann wird vielleicht der Erdenball
   Müll! Müll! Müll!

Text: J. Krüss / Musik: Chr. Bruhn
aus: *Kinderlieder unserer Zeit*,
Bartos-Höppner/Bondy (Hg.)
© 1978 by Arena-Verlag Georg Popp,
Würzburg

MÜLL IST MEHR!

Was Kinder mit Müll alles machen können zeigt der dritte **3** Teil. Abfallmaterialien sind nicht wertlos – ganz im Gegenteil! Begleitende Informationen klären auf.

MÜLL IST MEHR!

Die Schatzgrube

Im Gegensatz zu den Erwachsenen können Kinder dem Müll häufig noch einige Schätze abgewinnen: Deckel, Dosen und Schachteln werden der Tonne wieder entzogen, um damit zu basteln und zu bauen. Der Haushaltsmüll stellt häufig eine ideale Fundgrube dar, vieles ist zum Wegschmeißen einfach zu schade.

Kinder sammeln leidenschaftlich gern und sie sehen die Dinge, die sie finden, mit anderen, vielleicht liebevolleren Augen als wir das tun.

Auch in Kindergärten hat das Basteln mit sogenanntem „wertlosem" Material schon lange Tradition. In diesem Kapitel gibt es zahlreiche Tips und Anregungen zum Spielen, Basteln und Konstruieren. Für die

Spielen und Basteln

meisten Ideen wird nicht mehr als Müll gebraucht. Daß Abfallmaterialien doch ihren Wert haben, wird durch begleitende Informationen vermittelt. Bereits Weggeworfenes bietet oft noch genügend Anreiz zur Weiterverwendung. Der Umgang mit Müll erfordert Kreativität und Geschicklichkeit und bietet ausreichend Freiraum für eigene Gestaltungswünsche.

Des weiteren zeigt dieser Teil Aktionen und Projekte, in denen Kinder ihr nächstes Umfeld in puncto Abfallvermeidung und Umweltschutz erkunden können.

Dazu zählen Schule, Elternhaus und Stadtteilinitiativen. Denn Vernetzung und Öffentlichkeitsarbeit tun not, will man wirklich etwas gegen die Müllmisere unternehmen.

In diesem Zusammenhang lassen sich Fragen der Meinungsbildung und Interessenvertretung ausführlich vertiefen. Frei nach dem Motto: „Müll macht munter" können Schulen, Vereine und öffentliche Institutionen zur Mitarbeit gewonnen werden. Auf diese Weise bleibt die Auseinandersetzung nicht nur auf die eigene Gruppe beschränkt, sondern die Kinder lernen, ihr erworbenes Wissen nach außen zu tragen und sich aktiv für ihre Interessen einzusetzen.

Vernetzung tut not

Mitarbeiter gewinnen

Alles für Papiertiger

Papier wurde bereits im 2. Jahrhundert v.Chr. erfunden. Bäume mußten damals noch nicht für die Herstellung gefällt werden, denn Papier entstand durch die Wiederverwertung von alten Textilien. Die Idee des Recycling ist also auch schon sehr alt. Nachdem Gutenberg 1445 die Buchdruckerkunst entwickelt hatte, wuchs die Nachfrage nach größeren Papiermengen stetig. Das Lumpenmaterial reichte zur Produktion nicht mehr aus und man versuchte es mit Brennnesseln und Wespennestern. Erst 1843 entstand eine Technik, mit der haltbares Papier aus Holzschliff gewonnen werden konnte.

Heutzutage basieren Papierprodukte auf der Verarbeitung von Zellstoff, Holzschliff und Altpapier. Holzschliff und Zellstoff werden aus Holz hergestellt, welches vorher chemisch aufgeschlossen wurde. Aus 100 Prozent Holz lassen sich ca. 50 Prozent Zellstoff gewinnen – der Rest gelangt mit organischen Stoffen wie Sulfit und bleichenden Chlorverbindungen ins Abwasser. Durch die Rodung der Wälder und die hohe Belastung der Abwässer ist die Papierherstellung stark umweltbelastend.

KAUM ZU GLAUBEN!
Durch unseren Papierkonsum verbrauchen wir jährlich 400 kg Holz und 73.000 Liter Wasser pro Person. Mit dieser Menge Wasser könnte eine Waschmaschine vier Jahre lang betrieben werden.

Durch den Einsatz von Altpapier nehmen die Umweltbelastungen merklich ab. Inzwischen beträgt der Recyclinganteil durchschnittlich 50 Prozent. Leider hat sich der Papierverbrauch weiter erhöht. Die zu beseitigende Abfallmenge von Papier hat sich seit 1950 trotz Recycling mehr als versiebenfacht.

Damit gebrauchtes Papier nicht gleich in den Müll wandert, gibt's nun ein paar knisternde Ideen zum Ausprobieren:

Ein Dinosaurier aus Altpapier

Dinosaurier begeistern alle Kinder. Aus Pappmaché lassen sie sich phantasievoll entwerfen und einfach basteln.

Alle Dinos erhalten das gleiche Skelett. Dafür wird ein Draht doppelt gelegt und eng in zweilagigem Zeitungspapier eingerollt. Damit sich das Papier nicht löst, werden Enden und Mitte mit Kreppklebeband umwickelt. Durch Abknicken von Kopf und Schwanz erhält das Dinoskelett seine vorläufige Form. Vorder- und Hinterbeine werden nach der gleichen Methode hergestellt, in der Mitte geknickt und mit Klebeband am Rumpf befestigt.

Material:

Zeitungspapier, Pappe, Draht (Ø 1,5 mm), Kleister, Kreppklebeband, Flüssigklebstoff, Schere, Kombizange, Schüssel, Schneebesen, Pinsel, Deckfarben, Unterlage

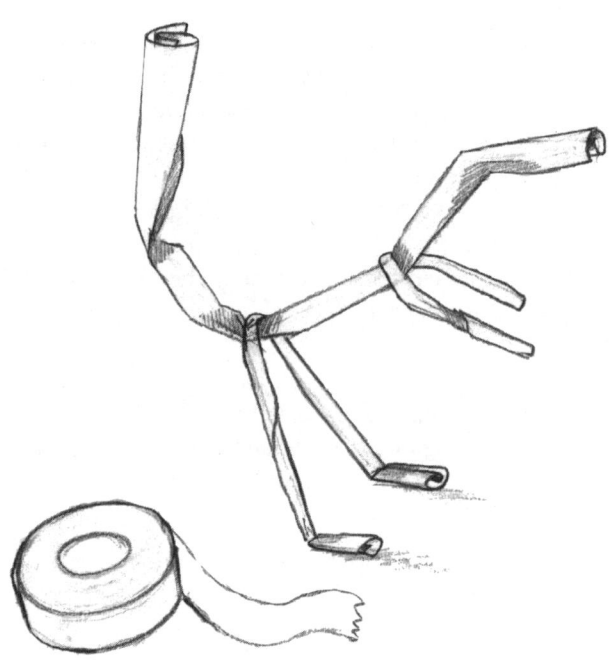

Das Zeitungspapier wird in den fertig angerührten Kleister getaucht und schichtweise auf das Grundgerüst aufgebracht. Je nach gewünschter Form und Volumen können auch geknüllte Papierbällchen eingearbeitet werden. Zwischendurch muß der Dino immer wieder trocknen, damit er unter seiner Last nicht zusammenbricht.

Ist die letzte Lage Zeitungspapier aufgetragen, bleibt die Figur mehrere Tage zum Durchtrocknen liegen. Währenddessen können schon Zacken, Flügel oder Flossen aus Pappe ausgeschnitten werden, die sich bei der nachfolgenden Ausgestaltung verwenden lassen. Mittels Deckfarben erhalten die Dinos noch ein buntes Fell – fertig ist die Dinorunde!

Die Möwe

Das Tolle an Papierfliegern ist, daß sie fast ohne Werkzeug aus einem Bogen Schreibpapier zu falten sind. Mit farbigen Streifen bemalt oder mit bunten Luftschlangen beklebt, werden sie schnell zu einem auffälligen Flugobjekt.

Für die Möwe wird ein DIN-A4-Bogen benötigt, in den zwei 3 cm lange Schnitte an der vorderen Schmalseite einzuschneiden sind, ehe der Papiervogel in der gezeigten Weise gefaltet werden kann:

Im ersten Arbeitsschritt den Papierbogen der Länge nach in der Mitte falten, damit die Einschnitte genau plaziert werden können. Achtung: Nach dem fünften Arbeitsschritt wird das Papier gewendet!

Aus: Walter Diem, Flugobjekte zum Selberbauen, Hugendubel Verlag, München

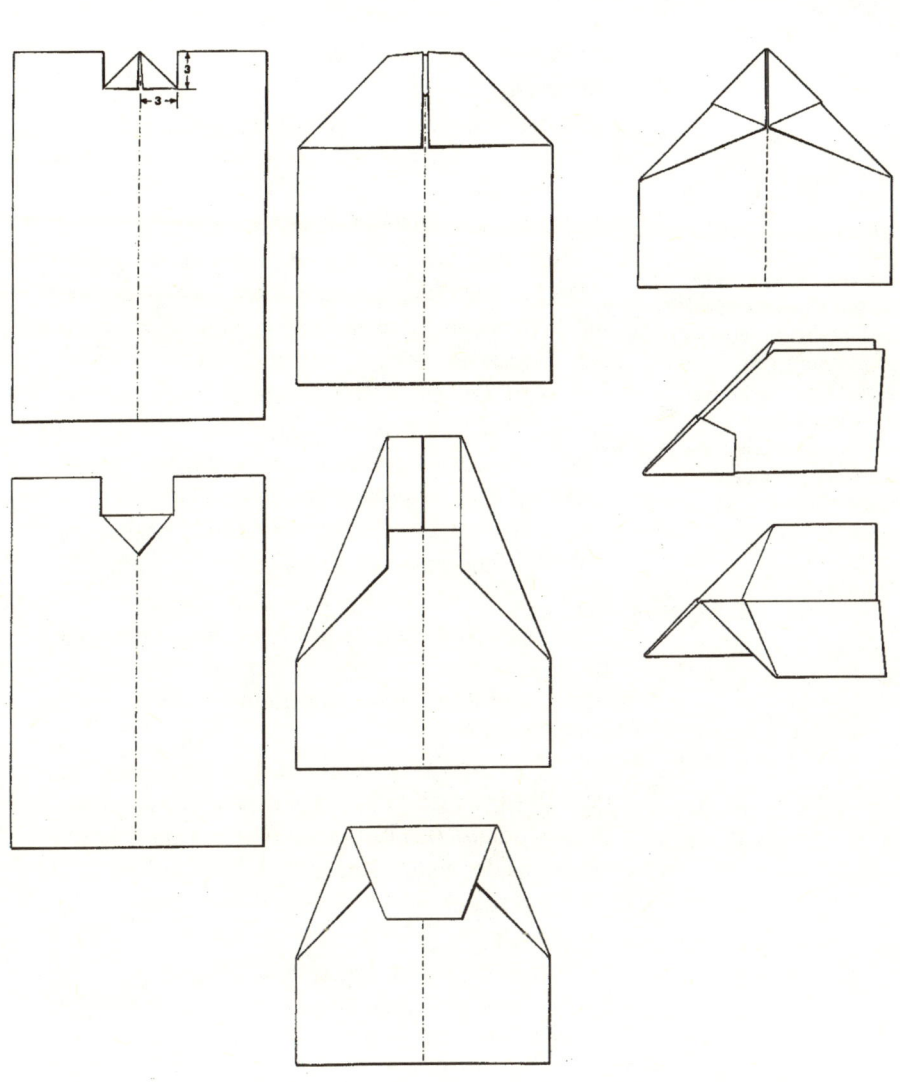

Altpapier selbermachen

Recyclingpapier herzustellen ist gar nicht schwer und man lernt es am besten beim Selbermachen.

Material:

Schüssel, Schneebesen, fünf Tassen Wasser, drei Seiten Zeitungspapier, eine dicke alte Zeitung, eine rechteckige, flache Wanne, ein feines Gitter (Fliegengitter o. ä.), das in die Wanne paßt, ein Holzbrett in 40 x 30 cm Größe

Zuerst werden die drei Seiten Zeitungspapier in kleine Schnipsel gerissen und in die Schüssel gefüllt. Dazu kommen fünf Tassen Wasser. Das Ganze wird mit dem Schneebesen zu Brei gerührt, der tatsächlich „Ganzzeug" heißt.

Nun wird die Wanne drei Zentimeter hoch mit Wasser gefüllt und das Gitter auf den Wannenboden gelegt. Eine Tasse Ganzzeug wird vorsichtig mit der Hand auf dem Gitter verteilt.

Im nächsten Arbeitsschritt wird das Ganzzeug mit Hilfe des Gitters aus der Wanne gehoben, wobei darauf zu achten ist, daß das Wasser gut abtropft. Beides kommt anschließend in die Mitte der aufgeschlagenen Zeitung. Nun wird die Zeitung wieder zugeschlagen und behutsam umgedreht (am besten geht das zu zweit).

Jetzt liegt das Gitter oben auf dem Ganzzeug. Mit dem Holzbrett wird das Wasser gründlich herausgepreßt – draufstellen klappt am besten. Nun wird das Gitter aus der aufgeschlagenen Zeitung entfernt und das Papier bleibt mindestens einen Tag zum Durchtrocknen liegen.

Endlich ist es soweit! Das erste selbstgemachte Blatt Papier kann vorsichtig von der Zeitung abgezogen werden. Viel Spaß beim Bemalen oder Beschriften!

KAUM ZU GLAUBEN!
Würde man die Ausgaben der Bildzeitung von zwei Tagen aufeinanderstapeln, wäre der Papierberg fast so hoch wie der Mount Everest.

Fliegende Mäuse aus Karton

Schwingtiere bringen Bewegung in jedes Zimmer.
Wie wär's also mit einer kleinen Fledermaus-Party?

Körper und Flügel der Fledermaus werden mit Hilfe
der vergrößerten Vorlage aus Karton ausgeschnitten
und bunt bemalt oder beklebt.

Material:

fester Karton, reißfester
Faden, Holz-Rundstab,
Schere, Klebestift,
Schneidemesser, Feinsäge,
Plüsch, Federn, Perlen,
Farben

Anschließend werden mit einer spitzen Schere je
zwei Löcher im gleichen Abstand in Körper und Flügel gebohrt. Die Flügel liegen dafür auf dem Körper
(siehe Zeichnung).
Im nächsten Schritt werden beide Flügel mit einer Art
Achterschleife mit dem Fledermauskörper verbunden. Dabei ist zu beachten, daß beim Verknoten des
Fadens genügend Spielraum bleibt, damit die Flügel
gut schwingen können.
Nun geht's an die Aufhängung. Dafür werden im ersten Drittel der Flügel jeweils zwei Löcher mit der
Nadel angebracht. Je ein langer Faden wird nun
durch die Löcher gezogen und dessen Ende am
Rundstab befestigt. Die Länge des Rundstabs sollte

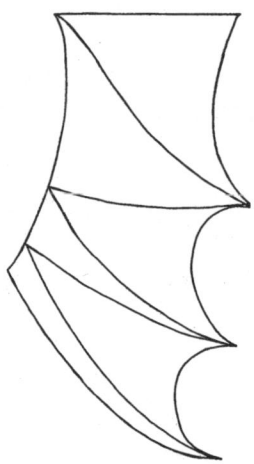

etwa der Spannbreite der Flügel entsprechen. Jeweils zwei Enden der Fäden werden am Rundstab festgeknüpft und dabei nach außen verschoben, um eine mögliche Berührung der Flügel mit dem Körper zu verhindern.

Zum Schluß wird am unteren Rand des Fledermauskörpers ein Loch für einen Ziehfaden gestochen. Es sollte mindestens 1 cm vom Rand entfernt sein, damit der Faden bei häufiger Benutzung nicht ausreißt. Um ein optimales Gleichgewicht des Schwingtieres zu erreichen, lassen sich Ziehschnur oder Flügel mit Perlen beschweren.

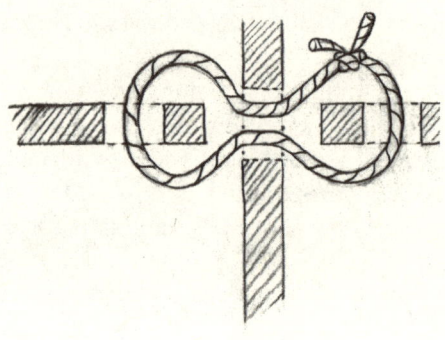

Glas macht Spaß!

Lange Zeit war Glas ein kostbarer Rohstoff. Heute ist es nach Papier die zweithäufigste Verpackungsart. Glas wird im wesentlichen aus Quarzsand, Soda und Kalkstein hergestellt. Zuerst werden die Rohstoffe gemahlen und vermengt. Unter Einsatz von Strom, Öl oder Gas wird das Gemenge anschließend 12–30 Stunden lang geschmolzen. Durch Pressen oder Blasen erhält das Glas am Ende seine Form.

Die Hauptbelastung bei der Glasproduktion wird durch die Sodaherstellung und das damit verbundene salzhaltige Abwasser verursacht. So ist der erhöhte Salzgehalt des Rheins hauptsächlich auf die umliegenden Sodafabriken zurückzuführen.

Je geringer die Verunreinigung des Altglases, desto besser kann es wiederverwendet werden. Hierbei bildet die Sortierung der verschiedenfarbigen Glassorten einen entscheidenden Faktor. Leider sind bis heute immer noch nicht alle Glascontainer nach Farben getrennt zu benutzen, was zur Folge hat, daß der Recyclinganteil bei Weißglas lediglich schlappe 20 Prozent umfaßt.

Für die Wiederverwertung von Glas gilt die gleiche Entwicklung wie beim Rohstoff Papier. Trotz steigender Recyclingquoten steigt der Bedarf an Neuglas kontinuierlich an.

Jeden Monat werden tausende von Flaschen und Gläsern weggeschmissen – man könnte damit ganze Hochhäuser füllen. Was man aber mit Glas noch so alles anstellen kann, zeigen die nächsten Seiten:

Sand, Soda, Stein

Die Farben des Glases

Material:

ein großes, sehr sauberes
Einmachglas, Gummiring,
Frischhaltefolie, etwas
Holzkohle, Komposterde,
Pflanzenkeimling,
$^{1}/_{4}$ l destilliertes Wasser

Der Glasgarten

Wer einen Mini-Garten im Einmachglas anlegt, kann
ausgezeichnet beobachten, wie der Wasserkreislauf
in der Natur funktioniert.

Der Glasgarten wird folgendermaßen angelegt:
Den Boden des Einmachglases mit Holzkohle bedecken, das verhindert Schimmelbildung. Die Komposterde ungefähr 5 cm dick darüber verteilen und
den Pflanzenkeimling vorsichtig in eine kleine Ver-
tiefung setzen. Anschließend wird die Erde rundher-
um fest angedrückt und gut mit dem destillierten
Wasser befeuchtet. Dabei ist darauf zu achten, daß
das Wasser nicht zur Holzkohle durchtropft. Das Einmachglas mit angefeuchteter Frischhaltefolie und
Gummiring verschließen.
Der fertige Glasgarten sollte an einen hellen Platz gestellt werden (möglichst nicht in die pralle Sonne).

Das Flaschenkonzert

An einem Flaschenkonzert können beliebig viele
Kinder und fast doppelt soviele Glasflaschen teilneh-
men.
Wichtig ist, daß die Flaschen möglichst verschiedene
Formen und Größen aufweisen. Als Schlaginstru-
mente eignen sich Gabeln aus dem Eßbesteck am
besten. Vor dem Konzert werden die Flaschen unterschiedlich hoch mit Wasser befüllt. Jedes Kind erhält
eine Gabel und dann kann's losgehen!

1. Variante: ***Flaschenraten***
Ein Kind bekommt die Augen verbunden. Fünf unterschiedlich hoch mit Wasser gefüllte Flaschen werden nebeneinander aufgestellt.
Ein zweites Kind schlägt nun mit der Gabel nacheinander gegen die Glasflaschen. Mit Hilfe der jeweils erzeugten Töne können folgende Antworten „erhört" werden:

☐ Welches ist die kleinste oder die größte Flasche?
☐ Welche Flasche enthält am meisten Wasser, welche am wenigsten?
☐ Kann die Form der Flasche (bauchig, schlank etc.) erhört werden?

Bei jedem neuen Durchgang wird die Reihenfolge der Glasflaschen verändert und das nächste Kind darf raten.

2. Variante: ***Hörkim***
Ein Kind steht mit verbundenen Augen in der Mitte des Raumes. Ein zweites plaziert sich mit Flasche und Gabel irgendwo im Zimmer und schlägt einen Ton an. Das erste Kind muß nun raten, aus welcher Richtung der Ton kam, es zeigt mit dem Finger dorthin. Stimmt die angegebene Richtung, kommt das nächste Kind an die Reihe.

Material:

Pappröhre von 14 cm Länge
und einem Durchmesser
von 4 cm
drei Stücke längliches
Spiegelglas, je 3 x 12 cm,
Arbeitshandschuhe,
Plastikdöschen mit mattem
Deckel, das in die
Pappröhre paßt
Tesafilm, Pappdeckel mit
Guckloch,
Transparentpapierschnipsel,
durchsichtige Perlen,
getrocknete Blumen o.ä.

Das Kaleidoskop

Der Vorteil eines selbstgebauten Kaleidoskops ist,
daß der Inhalt jederzeit geändert werden kann.

Zuerst werden die Spiegel mit Tesafilm zu einem
Dreieck zusammengeklebt.
Dabei sollten unbedingt Schutzhandschuhe getragen
werden, da die Verletzungsgefahr durch das scharf-
kantige Spiegelglas sonst zu groß ist.
Dann die Pappröhre bunt bemalen oder mit Ge-
schenkpapier bekleben. Über das eine Ende der
Röhre wird der Deckel mit dem Guckloch gestülpt.
Nun können die Spiegel in die Röhre geschoben
werden. Zum Schluß das Plastikdöschen befüllen
und mit der matten Seite nach außen in das andere
Ende der Pappröhre drücken. Was für ein schöner
Ausblick!

Die Schüttelkugel

Wer gern ein wenig Glitzerkram mag, hat mit der Schüttelkugel besonders viel Spaß.

Im ersten Arbeitsschritt wird das Schraubglas halbseitig mit Plakafarben bemalt. Die kleine Spielfigur wird auf die Innenseite des Deckels geklebt. Auf dem Flohmarkt erhält man die kleinen Figuren übrigens fast umsonst.

Nun das Glas mit Wasser füllen und das Glitzerpulver hineinstreuen. Den Deckelrand mit Klebstoff versehen und fest auf das Glas schrauben. Die Spielfigur ist nun ins Glitzerwasser getaucht und kann, wenn der Deckel angetrocknet ist, kräftig berieselt werden. Dafür das Glas ordentlich schütteln – und es glitzert überall.

Material:

Schraubglas mit passendem Deckel, Wasser, Glitzerpulver, Klebstoff, Plakafarben, Pinsel, kleine Spielfigur

Nur Flaschen kaufen Dosen!

Getränkedosen sind trotz ihres zweifelhaften Rufes beliebter denn je. Allein in Bremen werden täglich 115.000 dieser begehrten Blechbehälter geleert. *Tendenz: steigend.*

Getränkedosen werden aus Aluminium oder Weißblech hergestellt. Beide Materialien waren schon vor Jahren ins Gerede gekommen, da bei ihrer Produktion äußerst schädliche Rückstände anfallen.

Vor mehr als 150 Jahren wurde in der Erdkruste das metallhaltige Tongestein Bauxit entdeckt, die Grundsubstanz der Aluminiumgewinnung. Bauxit wird vorwiegend in Australien, Guinea, Jamaika und Brasilien abgebaut. Für die Herstellung einer Tonne Alu werden vier Tonnen Bauxit benötigt. Die Aluminiumproduktion ist mit einem hohen Energie- und Wasserverbrauch verbunden. Übrig bleiben giftige Rotschlämme, die Boden und Luft verseuchen.

Bei der Herstellung von Weißblech wiederum entstehen erhebliche Mengen an Dioxin. Die folgende Darstellung zeigt die verschiedenen Ökobilanzen für Getränkeverpackungen. Die Vergleiche machen deutlich, daß die Einwegdose der Mehrwegflasche in keinem Punkt das Wasser reichen kann.

Natürlich werden Getränkedosen auch der Wiederverwertung zugeführt. 1994 hat das Duale System 62 Prozent aller Weißblechverpackungen und 40 Prozent der Alu-Abfälle gesammelt. Die Recyclingquoten sind jedoch weitaus geringer. Bei Aluminium bringt es das Duale System auf ganze 11 Prozent.

So landen die meisten Dosen immer noch auf der Müllkippe oder in der Verbrennungsanlage. „Ich war eine Dose" warben die Industrieverbände, um uns

KAUM ZU GLAUBEN!
Die 4 Milliarden Getränkedosen, die jedes Jahr in Deutschland weggeworfen werden, würden aufeinandergetürmt bis zum Mond reichen.

ÖKOBILANZ:
NUR FLASCHEN KAUFEN DOSEN

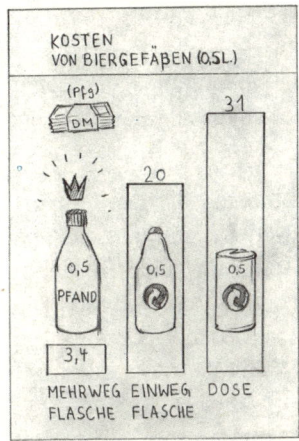

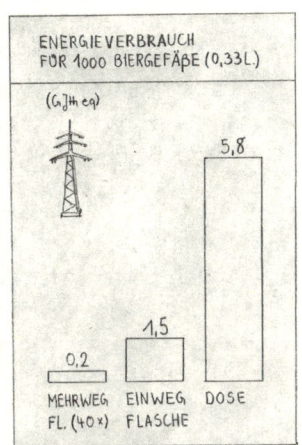

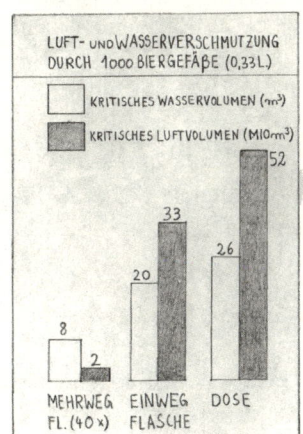

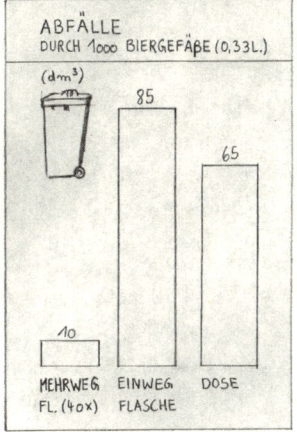

die hundertprozentige Wiederverwertbarkeit der Blechbehälter zu suggerieren. „Ich bin und bleibe Müll" wäre diesem Slogan noch hinzuzufügen.

Was kann man mit Dosen machen? Oft werden sie über den Schulhof gekickt. Man kann sie aber auch stundenlang betrachten oder auf dem Kopf balancieren. Doch uns ist noch etwas anderes eingefallen:

Das Schnurtelefon
Im modernen Zeitalter der Telekommunikation kann man auch mit einfachsten Mitteln eine zuverlässige Verbindung herstellen.

Material:

zwei leere Konservendosen (Ø 7 cm), 15 m Zwirnsfaden oder Perlonschnur, Hammer, dünner Nagel

Von den Konservendosen müssen die Deckel ganz entfernt werden. Die scharfen Zacken anschließend mit dem Hammer flachklopfen. In beide Dosenböden mittig ein kleines Loch durchschlagen. Die Schnur wird jeweils durch die Löcher gezogen und an den Enden verknotet, damit sie nicht durchrutschen kann.
Beim Telefonieren muß die Schnur unbedingt straff gespannt sein, sonst leitet sie die Nachrichten nicht weiter.

Dosensamba
Auch mit Dosen läßt sich auf vielerlei Art musizieren. Wie wär's mit heißen Sambarhythmen? Folgende Instrumente werden dafür benötigt:

☐ *Trommel:* große Dose (am besten Keksdose), dicke Paketschnur, Hammer, Nagel, Material zum Bekleben oder Bemalen
Zuerst werden in den Deckel zwei sich gegenüberliegende Löcher geschlagen, danach in den Dosenboden ebenfalls. Die Schnur wird durch alle vier Löcher gezogen und unter dem Dosenboden an den Enden verknotet.
Je nach Geschmack kann die fertige Trommel mit Farben oder Papier verschönert werden.

☐ *Rassel:* kleinere Dose mit Deckel, eine Tasse Reis, Material zum Bekleben oder Bemalen
Rasseln lassen sich ganz einfach anfertigen. Der Reis wird in die Dose gefüllt, Deckel drauf und dann das gute Stück bunt verzieren – fertig ist das Sambainstrument!

Die Wetterfahne
Damit die Kinder immer wissen, wie der Wind gerade steht!

Das Styropor mit dem Messer so zuschneiden, daß es in die Dose paßt. Es darf auf keinen Fall wackeln. Den Bügel zu einem langen, geraden Draht auseinanderbiegen. Das obere Ende waagerecht umbiegen, so daß ungefähr 5 cm von dem Draht überstehen. Das untere Ende erhitzen und mittig durch den Deckel ins Styropor stechen.
Ein Stück Karton quadratisch zuschneiden und die vier Himmelsrichtungen darauf einzeichnen. Dann die Wetterfahne ausschneiden und mit Klebeband am Drahtmast befestigen.
Die kleine Styroporkugel mit der Nadel durchstechen und den Zwirnsfaden durchziehen. Die Kugel am überstehenden Drahtende festknoten. Sie zeigt die Windstärke an, weil sie bei jedem Windstoß nach oben gedrückt wird.
Die Wetterfahne dreht sich in der Dose und gibt Auskunft über die Windrichtung. Doch wo sind Norden, Süden, Osten und Westen?

Material:

Kaffeedose mit Plastikdeckel, ein Stück Styropor, eine kleine Styroporkugel, fester Karton, Kleiderbügel aus Draht, Zwirn, Klebeband, wasserfester Stift, Feuerzeug, Messer, Kneifzange, Schere, Nadel

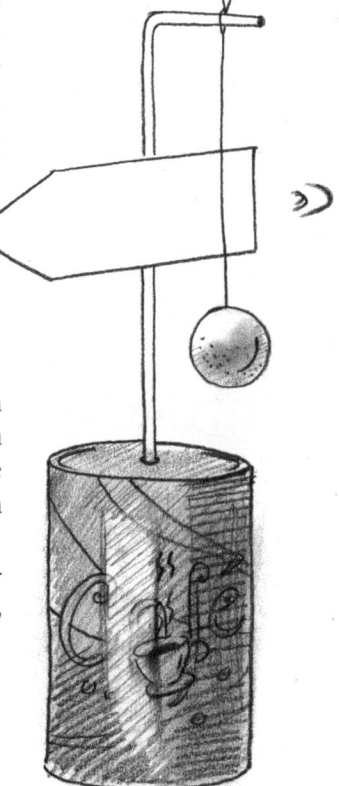

Der Poltergeist

Material:

zwei unterschiedlich
große Konservendosen,
Zwirn, Hammer, dünner
Nagel, vier
Flaschendeckel, Stoffrest,
Schere, Stifte

Der Poltergeist erhält eine große Dose für den Körper und eine kleine für sein Haupt. Von beiden Dosen wird der Deckel abgetrennt und eventuell überstehendes Metall flachgehämmert, damit keine Verletzungsgefahr besteht.

In beide Dosenböden wird mittig ein Loch geschlagen, ebenso in die Flaschendeckel. Mittels Zwirnsfaden werden die Dosen mit der Öffnung nach unten verbunden. Die Schnurenden werden jeweils verknotet. Seitlich des Dosenkörpers oben und unten zwei einander gegenüberliegende Löcher anbringen. Vier gleichlange Zwirnsfäden für Arme und Beine hindurchziehen und verknoten. Anschließend die perforierten Flaschendeckel an den Enden der vier Fäden befestigen. So erhält der Poltergeist noch Hände und Füße.

Zuletzt ein kleines Stück Stoff zuschneiden und um den Hals wickeln – fertig ist das Geistergewand!

Alles künstlich! Oder was?

Im Vergleich zu anderen Materialien ist Kunststoff eine verhältnismäßig junge Erfindung. Dennoch ist er aus vielen Lebens- und Arbeitsbereichen nicht mehr wegzudenken. Immer mehr Gebrauchsgegenstände, die ehemals aus Metallen gefertigt wurden, werden heutzutage durch kunststoffhaltige Materialien ersetzt. Sogar bei den Autos, früher „Blechkisten" genannt, hat sich der Kunststoffanteil inzwischen verfünffacht. Etwa 22 Prozent des Kunststoffverbrauches gehen zu Lasten von Verpackungen. Zahlreiche Lebensmittel sind in die unterschiedlichsten Kunststoffmaterialien eingepackt. Mit Plastikschalen, Styroporblöcken und Kunststoffolien werden wahre Verpackungsschlachten veranstaltet.

Dabei ist Plastik ein teures und aufwendig zu produzierendes Material, denn Ausgangsstoff seiner Herstellung ist Erdöl. Der hohe Energieaufwand für kurzlebige Kunststoffverpackungen scheint inzwischen kaum noch gerechtfertigt. Wieviele Tonnen Erdöl wohl jährlich in Form von Plastikmüll auf die Deponie wandern? Hinzu kommt, daß mit wachsender Kunststoffproduktion immer größere Schadstoffmengen an die Umwelt abgegeben werden. Jeder einzelne Arbeitsschritt im Prozeß der Herstellung von Kunststofferzeugnissen ist mit dem Entstehen von Abfällen verbunden.

Und auch bei der Entsorgung macht Plastikmüll Probleme: Da Kunststoffe nicht von Bakterien abgebaut werden, können sie auf der Deponie nicht verrotten. Das Langzeitverhalten ist bisher nur wenig erforscht und bei der sonst üblichen Verbrennung von Plastik bilden sich giftige Stoffe wie Cadmium, Chlor und Dioxin. Aufgrund von Sortierproblemen und Qualitätsverlusten gibt es noch kein effektives Recyclingsystem, so daß lediglich 1 Prozent der Kunststoffe aus Haushalten wiederverwendet werden können.

Was also tun mit all dem wertvollen Plastikmüll? Bevor er unbesehen in den Abfalleimer wandert, sollte er noch einmal genauer inspiziert werden. Einiges davon läßt sich bestimmt noch zum Bauen und Basteln weiterverwenden.

Der Fallschirmspringer

Material:

1 Plastiktüte,
1 Toilettenpapierrolle,
5 Flaschenkorken,
2 m Schnur, Schere, Locher,
Farbstifte, Sägemesser

Für den Körper des Fallschirmspringers wird die Toilettenpapierrolle in der Mitte durchgeschnitten und am oberen Ende zusammengedrückt. Die fünf Korken anschließend bis zur Hälfte einschneiden. Sie bilden Kopf, Arme und Beine.

Der Korken für den Kopf wird auf das zusammengedrückte Ende der Rolle geschoben. Unten, wo die Toilettenpapierrolle noch rund ist, werden gegenüberliegend zwei Korken als Beine auf die Pappe geschoben.

Nun aus der Plastiktüte ein Quadrat von 35 x 35 cm zuschneiden und an allen vier Ecken lochen. Die Schnur in vier gleich lange Teile schneiden, durch jeweils ein Loch ziehen und festknoten. Immer zwei Schnurenden in einen aufgeschnittenen Korken schieben, bevor diese dann als Arme am Pappkörper befestigt werden.

Wer möchte, kann den Fallschirmspringer noch bunt bemalen und dann heißt es: Start frei für den Absprung!

Margarineautos und Käseschiffchen

Ausgediente Plastikverpackungen lassen sich mit ein wenig Phantasie in schnittige Fahrzeuge verwandeln. Um die Kinder zum Selberbauen zu motivieren, ist es sinnvoll, ein oder zwei fertig konstruierte Modelle als Anschauungsmaterial zur Verfügung zu stellen. Größere Plastikdosen oder Margarinebecher werden als Fahrzeugkörper verwendet. Die Gläserdeckel verwandeln sich in Reifen, die Flaschenverschlüsse in Scheinwerfer. Wer ein Schiff bauen möchte, kann Plastikfolien als Segel setzen. Die nötigen Verbindungen lassen sich folgendermaßen herstellen:

Material:

Schere, Klebstoff, dicke Nadel, Zwirnsfaden, längere Holzstäbchen, Hammer und Nagel, Korken, Gläser- und Flaschendeckel, Plastikverpackungen aller Art

☐ den Fahrzeugkörper vorne und hinten mit einander gegenüberliegenden Löchern versehen und jeweils einen Holzstab hindurchschieben

☐ mit Hammer und Nagel Löcher in die Gläserdeckel schlagen, um sie anschließend auf die Holzstäbe schieben zu können

☐ Korkenscheiben geben den Rädern den nötigen Halt

☐ Flaschendeckel löchern und mit Nadel und Faden auf dem Fahrzeugkörper anbringen

☐ beim Schiff wird ein Holzstab als Mast durch den Boden der Plastikverpackung geschoben und von beiden Seiten mit Korkenscheiben fixiert

☐ zusätzliche Plastikteile lassen sich mit Klebstoff befestigen.

Grußkarten in 3D

Material:

dünner Pappkarton, Schere, Malfarben, Pinsel, Stifte, kleine Plastikverpackungen wie Bonbondöschen, Miniportionspackungen etc.

Der Pappkarton wird in Postkartengröße (10 x 15 cm) zugeschnitten. Anhand der verschiedenförmigen Plastikverpackungen überlegen die Kinder, welches Motiv sie für ihre Grußkarte wählen wollen. Eine runde Dose kann zu einem Baum werden, eine eckige zu einem Haus und so weiter. Für die spätere Flächenaufteilung ist es sinnvoll, vorher eine kleine Skizze anzufertigen.

Die Plastikmaterialien werden dann entsprechend auf den Karton geklebt. Sind sie getrocknet, kann mit der Ausgestaltung der Karte begonnen werden. Eine kleine Käseverpackung erhält Arme und Beine und wird plötzlich zu einem Marsmännchen oder einem Nilpferd. Der Phantasie sind keine Grenzen gesetzt!

Abschließend können die Karten nach Wunsch beschriftet werden.

Das Fluginsekt

Material:

Plastikmüll aller Art und Größe, Schnur oder Draht, Hammer, Nagel, Kneifzange, Klebstoff, Schere

Die Kinder erhalten die Aufgabe, aus einem kunterbunten Haufen Plastikabfällen ein großes Fluginsekt zu bauen.

Für den ersten Entwurf werden einzelne Teile ausgewählt und aneinandergelegt. Mittels Löchern und durchgezogener Schnur bzw. Draht werden die Kunststoffteile dann verbunden. Für die Ausgestaltung kleinere Materialien zuschneiden und aufkleben.

Das fertige Fluginsekt kann an der Decke des Gruppenraumes oder Klassenzimmers aufgehängt werden.

Wir bauen uns ein Sperrmüllhaus

Refr. : Wir bau - en uns ein Sperr - müll - haus und
ma - chen uns ein Lied da - raus!
1) Mit Kar - tons, da baun wir zu - erst den Zaun.
Mit Kar - tons, da baun wir zu - erst den Zaun. Refr.

Jede Strophe wird wiederholt.
2 Ein Regal davor wird das Gartentor.
3 Für die Treppe rauf stelln wir Kisten auf.
4 Danach malen wir eine Kreidetür.
5 Löffelstiel und Topf wird der Klingelknopf.
6 Und das Zimmer wird ganz modern möbiliert.
7 Einen Schrank, wo man prima durchgehn kann.
8 Einen ganz stabil dreibeinigen Stuhl.
9 Ein halsbrecherisch wackeliger Tisch.
10 Durch den Fernseh-Rahmen macht uns Fritz
   Programm.
11 Und die Couch muß ein Trampolin jetzt sein.
12 Damit ist ganz toll unser Haus nun voll.
13 Und noch schöner ist es nirgendwo.

Text: P. Lach /
Musik: F. Taormina
aus: *Kinderlieder unserer
Zeit*, Bartos-Höppner/Bondy
(Hg.)
© 1978 by Arena-Verlag
Georg Popp, Würzburg

Uns stinkt's!

Eine besondere
Ausstellung

Die Müllausstellung „Uns stinkt's" wurde geplant, um Eltern, Freunde und Nachbarn über die Gruppenaktivitäten in puncto Abfall zu informieren. Die Kinder hatten in diesem Rahmen die Möglichkeit, ihr bisher erworbenes Wissen weiterzugeben und Menschen aus ihrer näheren Umgebung zur Mitarbeit zu gewinnen. Folgende Aktivitäten können auf dem Hintergrund einer Müllausstellung angeboten werden:

Die Müllsafari

Für die Müllsafari werden mehrere Fotoapparate, Arbeitshandschuhe und Mülltüten benötigt.
Die Kinder ziehen gemeinsam oder in Kleingruppen los. Für die Rückkehr wird ein fester Zeitpunkt vereinbart. Aufgabe der Gruppe ist es, Stellen aus der Umgebung, die sie besonders verschmutzt findet, zu fotografieren. Das kann in einem nahegelegenen Park, auf dem Spielplatz oder an verschiedenen Straßenecken sein.
Ist ein Fundort fotografiert, werden die herumliegenden Abfälle eingesammelt. Aus hygienischen Gründen sollten die Kinder dabei Arbeitshandschuhe überziehen. Nach der Säuberung wird erneut ein Foto gemacht. Der gesammelte Müll wird mit zurückgenommen.

Die Fotoausstellung

Material: großer Karton oder Stellwände, Klebeband, Schere, Stifte

In den nächsten Tagen werden die Fotos entwickelt und für die Ausstellung eventuell vergrößert. Immer zwei zusammengehörende Bilder werden nach dem „Vorher-Nachher-Prinzip" nebeneinandergeklebt, um die bestehende Umweltverschmutzung durch herumliegenden Müll deutlich zu machen. Zu den Fotopaaren werden jeweils kurze Texte verfaßt, die Angaben über den Fundort und die aufgespürten Müllmengen enthalten.

Der Müllberg

Die mitgebrachten Abfallmaterialien werden in Kartons oder besser noch, auf einen großen Haufen geschüttet. Auf einem Plakat wird darüber informiert, wieviele Tonnen Müll wir jährlich produzieren, woraus er sich zusammensetzt, was davon recycelt werden kann und was mit dem Restmüll geschieht.

Spielzeug aus Müll

Ein weiterer Teil der Ausstellung zeigt die Spielsachen und Objekte, die die Kinder aus Abfallmaterialien selbst gebaut haben.
Es kann auch ein Basteltisch mit verschiedenen Abfällen, Scheren und Klebstoff hergerichtet werden, an dem die jüngeren Besucher und Besucherinnen der Ausstellung ihre eigenen Müllkreationen entwerfen können.

Um die Ausstellung abzurunden, können die Kinder verschiedene Plakate entwerfen, die darüber informieren, wie Abfall sinnvoll vermieden werden kann.

Total tote Dose!

Aktiv in die
Öffentlichkeit

Die öffentliche Aktion „Total tote Dose" informiert die Mitmenschen über den hohen Energieaufwand bei der Produktion von Getränkeverpackungen. Die Kinder werden in diesem Zusammenhang mit den verschiedensten Meinungen konfrontiert und lernen, ihre Interessen nach außen zu vertreten.

Für die Aktion wurde ein anschauliches Flugblatt entworfen, das den energetischen Aufwand bei der Verpackungsproduktion in Fernsehminuten hochrechnet:

Zum Verlauf: Jede Kleingruppe erhält einen Stapel Flugblätter, mit dem sie sich jeweils vor dem Eingang eines Supermarktes postiert. Aufgabe ist es, potentielle Kundinnen und Kunden nach ihren Einkaufsgewohnheiten in puncto Getränkeverpackungen zu befragen. Die Interviews können auf Kassettenrecorder oder Walkman aufgenommen werden.

Die befragten Personen sollen im Rahmen des Interviews schätzen, wie lange sie für die Produktion einer Alu-Getränkedose fernsehen könnten.

Gegen Ende der Befragung bekommen die Gesprächspartner jeweils ein Flugblatt zum Informieren und Weitersagen geschenkt.

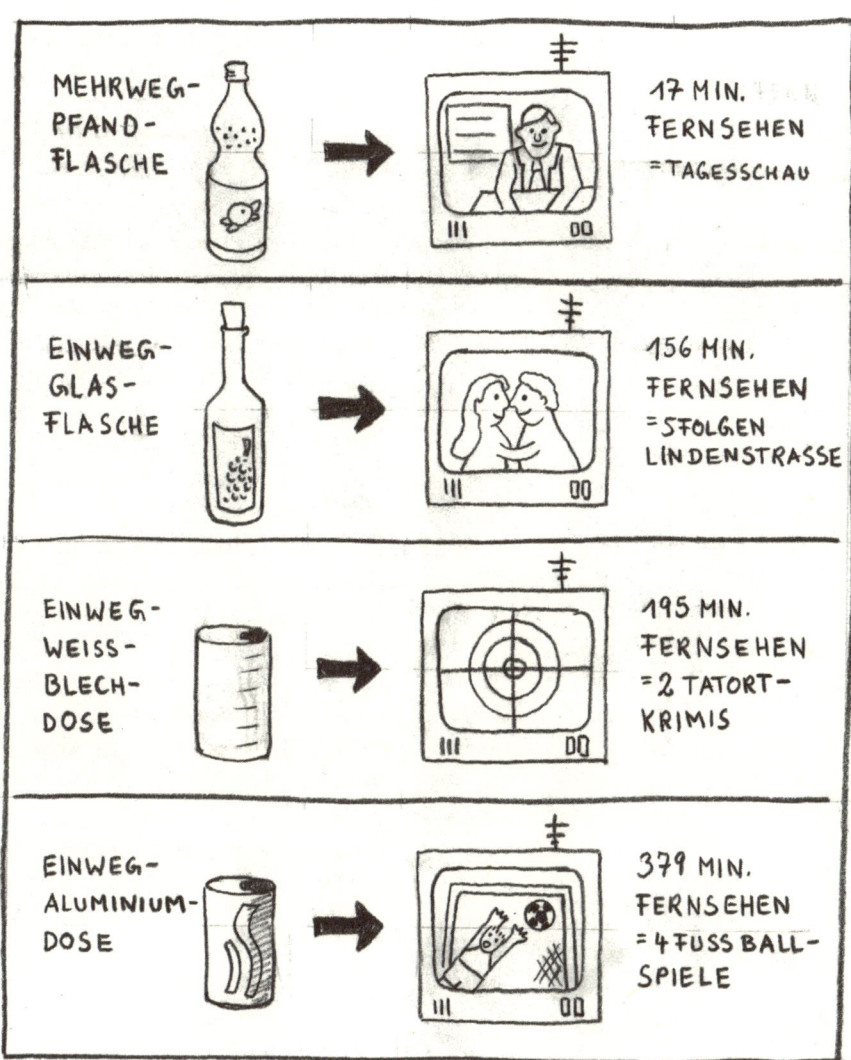

Energieverbrauch bei der Herstellung verschiedener
Getränkeverpackungen in Fernsehminuten

Aktion „Müllfreie Schule"

Der Abfallreport

Die Jugendgruppe der Umweltorganisation BUND startete 1991 eine Fragebogenaktion zum Thema „Müllfreie Schule". Die verschickten Fragebögen sollten das Müllbewußtsein schärfen und zu Aktivitäten in den angeschriebenen Schulen führen.

Heraus kam, daß zwar 81 Prozent der Schulen ihre Abfälle getrennt sammelten, jedoch beschränkte sich die Sammlung meist auf Altstoffcontainer. Einen Komposthaufen hatten nur 39 Prozent vorzuweisen und häufig wurde dieser nur für den Grünschnitt der Schulanlagen genutzt. Als Sondermüll sammelten viele Schulen lediglich ausgediente Batterien – die chemischen Abfälle aus dem naturwissenschaftlichen Unterricht wurden selten fachgerecht entsorgt.

Ein Münchner Gymnasium zeigte, daß es auch anders geht. Nach Vermeidung, Kompostierung und Wertstofftrennung blieben in der Schule nur noch 9 Prozent des ursprünglichen Mülls übrig.

Ein Abfallreport über die eigene Schule, Kindertagesstätte oder Jugendorganisation bringt oft Erstaunliches zutage und motiviert zu konsequenterer Müllvermeidung. Auch hier können Kinder Abfalldetektive sein und gemeinsam alternative Lösungsmöglichkeiten suchen. Folgende Bereiche sollten in einem Abfallreport näher untersucht werden:

☐ *Papierverbrauch*
Wieviel Papier wird jährlich verbraucht? Wie hoch ist
der Altpapiereinsatz? Was für Toilettenpapier wird
eingekauft?

☐ *Wertstoffe*
Werden Glas, Metalle und Papier getrennt gesammelt?

☐ *Sondermüll*
Was fällt an schädlichem Müll an?
Wie wird er entsorgt?

☐ *Kiosk*
In welchen Verpackungen werden Pausengetränke
angeboten? Wurden Pfandsysteme eingerichtet? Können Süßwaren lose oder nur verpackt gekauft werden?

☐ *Außengelände*
Steht ein Komposthaufen für die organischen Abfälle
zur Verfügung?

☐ *Bibliothek*
Gibt es Bücher oder Zeitschriften zu Umweltthemen?

☐ *Projekte*
Wurden bereits Aktionen zum Thema „Müll und Umweltschutz" angeboten?

☐ *Büro*
Werden als Schreibmaterial Wegwerfstifte benutzt?
Arbeiten die Kopiergeräte mit Altpapier?

☐ *Küche*
Wird das Essen in Großpackungen geliefert? Werden
die Essensreste einfach weggeworfen?

Müllfeste feiern

Abfallmaterialien finden auch auf Kinderfesten vielfache Verwendung. Sei es zur Dekoration der Räume oder zur Kostümierung der Kinder – Abfälle bieten grenzenlose Gestaltungsmöglichkeiten.

Grenzenlose Möglichkeiten

Das Lumpenfest – Heraus mit den alten Klamotten! Dachböden und Keller werden leergeräumt, wo sich bereits geflickte Unterröcke zu großkarierten Krawatten gesellen und ausgetretene Schuhe neben leicht vergilbten Gardinen liegen.
Kinder verkleiden sich liebend gern, also warum nicht ein fetziges Lumpenfest feiern? Frei nach dem Motto: Je schriller die Kleidung desto größer der Auftritt!

Der Maskenball – Aus Pappmaché lassen sich vielgestaltige Masken anfertigen. Grundgerüst bildet hierbei ein aufgeblasener Luftballon.
Doch auch größere Pappkartons werden mit buntem Papier, Stoffresten und Farben in Tiergesichter oder Märchengestalten verwandelt.
Ein kleines Theaterstück, von den Kindern unter Verwendung der Masken ausgedacht und geprobt, kann der Auftakt zu einem stürmischen Maskenball sein.

Der Flugtag – Abfallmaterialien lassen sich beim Bau verschiedenster Flugobjekte einsetzen. Papierflieger gleiten neben Drachen aus Plastiktüten dahin, Alu-Windspiele flattern neben Fallschirmen aus Stoffresten. Ein windiger, sonniger Tag ist für dieses Fest am besten geeignet. Neben Saft und Kuchen gibt's kleine Wettflüge und Geschicklichkeitsspiele.

MÜLL IN DER NATUR

In diesem Teil wird die Beziehung von Müll und Umwelt unter verschieden **4** en Aspekten beleuchtet. Die Erforschung von Naturkreisläufen gehö rt ebenso dazu wie die Betrachtung wachsender Umweltverschmutzung.

MÜLL IN DER NATUR

Freiwillige Helfer — Jahr für Jahr fallen kaum vorstellbare Mengen an Blättern, Ästen und Nadeln von Bäumen und Sträuchern zu Boden. Die vielen pflanzlichen Abfälle würden uns über den Kopf wachsen, wären da nicht die Millionen von Kleinstlebewesen, die über sie herfallen und sie stetig zersetzen.

In ungestörten natürlichen Systemen gibt es keinen Abfall. Alles, was auf den Boden fällt, wird wieder zu Erde. In komplexen Kreisläufen, von der Sonne angetrieben und in Bewegung gehalten, zeigt uns die Natur, daß sie ihre Baustoffe ununterbrochen aufbereitet und wiederverwendet.

Erkundungen und Experimente — Erkundungen der Natur, Experimente und Spiele helfen, diese komplexen Naturkreisläufe anschaulich zu vermitteln. Zudem wecken Erlebnisse mit Pflanzen und Tieren die kindliche Neugier nach mehr Informationen über die Umwelt. Die direkte sinnliche und affektive Erfahrung sollte dabei im Vordergrund stehen, gerade weil sie heutzutage immer mehr verlorengeht. Besonders in der schulischen Bildungsarbeit ist eine Konzentration auf die Vermittlung abstrakter Modelle und Fertigkeiten feststellbar. Doch Natur läßt sich nicht funktionalistisch vermitteln. Erst aus der direkten Beobachtung verschiedener Lebensräume, in denen die einzelne Pflanze oder das einzelne Lebewesen im Mittelpunkt steht, werden ökologische Zusammenhänge erkennbar.

Die Beziehung von Müll und Umwelt wird in diesem Kapitel unter verschiedenen Aspekten beleuchtet. Im Gegensatz zur Natur, die mit ihren von Tieren und Pflanzen erzeugten Abfällen selbst fertig wird, steht der Mensch mit seinen künstlich hergestellten Stoffen und Systemen. Neben den natürlichen Kreisläufen beschäftigt sich dieser Teil auch mit den Folgen, die menschliches Wirken auf ökologische Wechselbeziehungen hat.

Mensch und Natur – ein Gegensatz

Am Beispiel der „Müllkippe" Nordsee, wo die zerstörerischen Eingriffe des Menschen das komplexe Gefüge der Natur stark gefährden, kann Kindern aufgezeigt werden, was es für die dort angesiedelten Tierarten bedeutet, wenn ihr Lebensraum unaufhörlich mit Abfällen verschmutzt wird.

Erde aus Abfällen

Für viele Stadtkinder ist Boden das, worauf man lang geht. Erde bekommt man sogar in großen Plastiktüten im Supermarkt – für die Blumen in den Balkonkästen. Für manche ist Erde auch einfach nur Dreck. Doch ein gesunder Boden ist voller Leben und das können Kinder auf spannende Weise selbst entdecken.

In der Natur fallen unterschiedliche organische Materialien an: Laub, abgestorbene Kräuter und Gräser, trockene Äste von Bäumen und Sträuchern, heruntergefallene Früchte, hin und wieder ein paar Haare aus dem Fell eines Tieres, ein paar Federn, die ein Vogel verlor, manchmal ein toter Tierkörper. Diese Rohstoffe sind auf großer Fläche verteilt. Ganz gleich, ob im Wald, auf der Wiese oder am Feldrand: immer spenden Gräser, Kräuter, Bäume und Sträucher dem Boden etwas Schatten. So bleibt die Masse der abgestorbenen Pflanzen feucht und locker.

In diesem Milieu können die unzähligen Mikroorganismen des Erdbodens ihre zersetzenden Taten vollbringen. Zu sehen ist meist nur der Regenwurm, doch außer ihm gibt es noch Tausende unsichtbarer Kleinstlebewesen in der Oberschicht des Bodens. Wimperntierchen, Amöben, Bakterien, Asseln, Springschwänze und Käfer tun dort ihr Werk. Sie alle sind durch ein komplexes Netz von Wechselbeziehungen verbunden. Jeder dieser Organismen liefert seinem Nachbarn Nahrung in Form von Beuteresten, Stoffwechselprodukten oder gar sich selbst.

Wo einmal organische Abfälle verrottet sind und immer wieder neue hinzukommen, werden sie von den Kleinstlebewesen zu Krümeln zersetzt. Nicht zuletzt sind die Regenwürmer die unermüdlichen Aktivisten, die ständig neue, lockere Bodenkrümel produzieren. So gehen Abfälle, Humus und Mutterboden fast nahtlos ineinander über.

Unter natürlichen Verhältnissen liegt die Erde nie nackt und der Witterung ausgesetzt da. Immer wieder kommen neue Blätter oder Grashalme hinzu und bedecken die oberste Schicht. Auf diese Weise blei-

ben die Lebewesen im Boden geschützt und können
sowohl in der Hitze des Sommers als auch im kalten
Winter ihre wertvolle Entsorgungsarbeit ausführen.

Die Schüttelbox

Um kleine Tiere im Boden untersuchen zu können,
ist die Schüttelbox genau das richtige Forschungs-
gerät. Sie kann ganz einfach selbst gebaut werden.

Der Boden der Kaffeedose wird mit dem Öffner her-
ausgeschnitten. Als nächstes das Apfelsinennetz zuschneiden und über die Öffnung spannen. Mit dem
Gummiring befestigen. Schon fertig!

Material:

Kaffeedose mit Deckel,
Dosenöffner,
Apfelsinennetz, Gummiring,
Schere

Material:

Lupen, je eine Schüttelbox
für zwei Kinder, kleine
Schaufel, Behälter, großes
Stück Tapete (mind. 1 m
lang), Papier, Stifte, evtl.
Bestimmungsbuch

Tiere aus der Unterwelt

Auf geht's zur Exkursion in einen nahegelegenen
Wald oder Park. Der eigene Garten tut's natürlich
auch. Dort angekommen, werden dem Boden aus
10 cm Tiefe einige Schaufeln Erde entnommen. Der
Boden darf nicht zu feucht sein. Die Erde wandert
erst einmal in den Behälter und wird anschließend
auf die einzelnen Schüttelboxen verteilt.

Nun können die Kinder ihre Bodenproben auf die
ausgerollte Tapete schütteln. Was ist dort alles zu sehen? Mit Hilfe der Lupen werden die Proben auf Tiere und Pflanzenreste hin abgesucht. Die Funde werden schriftlich festgehalten oder aufgemalt. Ein Bestimmungsbuch kann weitere Informationen liefern.

Sind die Untersuchungen beendet, wird die Erde
wieder in die Entnahmestellen zurückgefüllt. Dabei
ist darauf zu achten, daß die Tiere nicht zu Schaden
kommen.

Bei einer ausgedehnteren Untersuchung können
auch Bodenproben von verschiedenen Stellen (z. B.
Wiesenrand, Wald und Acker) entnommen und auf
ihre Zusammensetzung hin verglichen werden.

Welcher Abfall wird zu Erde?

Bei diesem Versuch lernen Kinder, zwischen organischen und anorganischen Abfallmaterialien zu unterscheiden.

Gemeinsam wird ein Platz ausgesucht, wo Löcher ge-
graben werden dürfen. Dann werden mit der Schaufel nebeneinander fünf Löcher gebuddelt. In das erste Loch kommt das Obst, in das zweite das Stück
Plastiktüte, in das dritte geknülltes Zeitungspapier.
Das vierte Loch bekommt die verwelkte Blume und
das letzte die Getränkedose. Die Löcher werden wie-

Material:

Schaufel, fünf kleine
Pappschilder,
wasserlöslicher Stift, ein
Stück Plastiktüte,
Zeitungspapier, verwelkte
Blumen, ein Stück Obst,
eine Getränkedose

der zugeschaufelt und mit den bemalten Pappschildern entsprechend kenntlich gemacht.

Nach drei bis vier Wochen Wartezeit kann nachgebuddelt werden. Was finden die Kinder wieder? Wie haben sich die einzelnen Gegenstände verändert? Warum verschwinden einige Abfälle scheinbar von alleine, andere jedoch nicht?

Rotte und Fäulnis

Um die Umsetzungsprozesse im Boden, auf dem Kompost oder auch in der Mülldeponie besser zu verstehen, lassen sich folgende Experimente mit den Kindern durchführen:

Material:

Einmachglas mit Deckel, Gummiring, flache Schale, etwas Wasser, kleinere Abfälle wie Brotreste, Papier, Plastikfolie, Obst und Holzstückchen

Da bei diesem Versuch Geruchsbelästigung entstehen kann, sollte er an einem trockenen Platz im Freien stattfinden.

Die Abfallreste werden zu gleichen Teilen in die Schale und das Einmachglas gefüllt. In beide Behälter wird nun etwas Wasser gegeben, um die Abfälle anzufeuchten. Das Material sollte jedoch nicht schwimmen! Anschließend wird das Einmachglas luftdicht verschlossen.

Die einsetzenden Veränderungen werden über zwei Wochen beobachtet. Wie haben sich Konsistenz und Farbe der Abfälle jeweils verändert? Welche Unterschiede sind zwischen den Inhalten in Einmachglas und Tonschale zu verzeichnen? Woran liegt das? Welche Rolle spielt Sauerstoff in Umsetzungsprozessen?

Ein Blatt welkt und fällt

Ein   Blatt welkt und   fällt. Sag,   wo fällst du   hin ?

Zur   Er- de, zur   Er- de, da   trägt mich der   Wind.

2) Ein Blatt ist gefallen.
Sag, was wird aus dir?
Ich werde vergehen und
Erd' wird aus mir.

3) Du Erde, sag uns
doch, was wird nun
geschehn?
Aus mir wird es keimen
und Neues entstehn.

4) Aus mir wird es
wachsen, es ist das kein
Traum, mit Ästen und
Zweigen und Blättern –
ein Baum.

aus: RPA Heft 2, 1978, S. 46,
Text und Melodie: Franz Kett

Der Komposthaufen

Wer genügend Platz auf dem Gemeinde- oder Schul-
grundstück zur Verfügung hat, sollte mit den Kindern
unbedingt einen Komposthaufen anlegen. Zum einen kann der anfallende Biomüll auf diese Weise
drastisch reduziert werden und zum anderen bietet
er für die Kindergruppe eine Vielfalt an Erfahrungs-
möglichkeiten.
Die Anlage eines Komposthaufens ist nicht schwer
und kann auch von gärtnerischen Laien ohne große
Mühe bewerkstelligt werden. Folgende Faktoren sollten jedoch unbedingt beachtet werden:

■ *Platzauswahl* – Der Komposthaufen sollte in den
lichten Schatten gesetzt werden, am besten unter einen großen Baum oder Strauch.

■ *Untergrund* – Der Kompostplatz wird vorher mit der Grabegabel gelockert, damit überschüssiges Wasser von oben besser versickern kann und die Organismen des Bodens von unten Zugang zu dem Haufen haben.

■ *Eingrenzung* – In einem großen Gelände kann das Kompostmaterial ohne Eingrenzung aufgeschichtet werden. Steht aber weniger Platz zur Verfügung, ist ein Kompostsilo aus Holz (ab DM 25,– im Baumarkt erhältlich) empfehlenswert. Eine alte Regentonne, mit Löchern für die Belüftung versehen, tut es jedoch auch.

■ *Abfallmaterialien* – Was alles auf den Kompost darf: Reste von Obst und Gemüse, Kaffee- und Teesatz, Grasschnitt, Laub, Kleintiermist, Äste und Zweige von Sträuchern und Bäumen, Blumen- und Kräuterschnitt, Zeitungspapier, Pflanzenwurzeln, Mutterboden
Was auf keinen Fall auf den Kompost darf: Zitrusfrüchte und Bananenschalen, gekochte Essensreste, Zeitschriften, Metalle, Kunststoffe, Porzellan, Steine, Glas, Kohlenasche

So wird ein Komposthaufen angelegt:
Ist der zukünftige Kompostplatz entsprechend vorbereitet, können die Kinder mit der Schichtung beginnen.

1. Schritt: Gesammelte Äste und Zweige kleinschneiden und in einer 20 Zentimeter dicken Schicht auf der Kompostfläche ausbreiten. Das sorgt für eine gute Belüftung und der Druck, der durch das Gewicht der aufgeschichteten Abfälle entsteht, wird abgefedert.

KAUM ZU GLAUBEN!
Eine Handvoll Komposterde enthält mehr Lebewesen als Menschen auf der Erde wohnen.

2. Schritt: Sämtliche organischen Abfälle werden nach vorheriger Zerkleinerung aufgeschichtet. Je kleiner die Abfälle, desto schneller können sie von den Bodenlebewesen zersetzt und als Nahrung für die Regenwürmer aufbereitet werden. Gegebenenfalls das Kompostmaterial mit der Gießkanne befeuchten.

3. Schritt: Wenn ein Komposthaufen zum ersten Mal aufgesetzt wird, bietet sich ein Kompoststarter an, der aus Bakterienkulturen besteht. Der pulverförmige Starter wird zwischen die einzelnen Schichten gestreut und bringt die Rotte schneller in Gang.

4. Schritt: Ist der Komposthaufen voll, wird er mit einer 10 Zentimeter dicken Schicht Laub oder Grasschnitt abgedeckt. Das schützt die Bodenlebewesen vor Witterungseinflüssen.

Und nun heißt es: Geduld üben! Denn bis die aufgeschichteten Abfallmaterialien vollständig umgesetzt sind, vergehen – je nach Wetterlage – drei bis sechs Monate. Wie wär's also mit einer Käferrallye?

Die Käferrallye

Während auch die Käfer im Komposthaufen ihre Arbeit tun, krabbeln die Kinder bei diesem Spiel auf allen vieren durch den Raum.

Hier einige Aufgaben für die Käferkinder:

☐ Jeder Käfer muß ein Blatt Papier auf dem Rücken tragen, ohne daß es runterfällt.

☐ Zwei Käfer stellen sich nebeneinander und lassen sich die Arme zusammenbinden. Nun wird zu zweit durch den Raum gekrabbelt. Sind beide Käfer aneinander gewöhnt, werden einem von beiden die Augen verbunden. Der andere Käfer muß ihn nun sicher durch den Raum leiten. Später werden die Rollen getauscht.

☐ Beim Käferhindernislauf geht es drunter und drüber. Die Kinder überlegen gemeinsam, welche Hindernisse sie aufbauen möchten. Und dann geht's los: über den Stuhl, durch einen Tunnel, unter einer Bank hindurch und mitten in die Matratze hinein …

Das Lebensnetz-Spiel
nach einer Idee von Rudolf R. Knirsch

Dieses Spiel zeigt, daß alles auf der Erde mit allem zusammenhängt. Mitspielen können 6–10 Kinder. Benötigt wird ein Knäuel Schnur von 50 Metern Länge.

Alle Spielerinnen und Spieler stehen im Kreis. Ein Kind beginnt, indem es sich einen Begriff aus der Natur ausdenkt. Es hält das Knäuel in der Hand und sagt: „Ich bin die Erde, auf der wir gehen." Dann wirft es das Knäuel einem anderen Kind zu und hält dabei das Ende der Schur fest. Das andere Kind antwortet beispielsweise: „Ich bin ein Baum und brauche die Erde zum Wachsen."

Anschließend wird das Knäuel weitergeworfen, nicht ohne die Schnur festzuhalten. Vielleicht an einen Vogel, der auf dem Baum seinen Nistplatz findet? Oder an die Sonne, die dem Baum die nötige Energie zum Wachsen schenkt?

Im Laufe des Spiels entsteht aus den aufeinander bezogenen Begriffen ein großes Lebensnetz. Läßt es sich auch wieder auflösen?

Da steckt der Wurm drin!

Auf dieser Seite stellt sich ein wichtiges Bodenlebewesen vor. Finden die Kinder heraus, um welches Tier es sich handelt?

Erst ohne den Titel vorlesen

„Wer Abfälle wieder zu Erde machen möchte, kann auf mich nicht verzichten. Ich baue mehrere Meter tiefe Gänge in den Boden und schaffe damit eine gute Belüftungsanlage. Zusammen mit meinen Artgenossen bringe ich es fertig, in wenigen Jahren den ganzen Gartenboden umzugraben.

Ich mag es gern feucht – das merkt man schon an meinem Namen. Was ich gar nicht mag, ist das helle Tageslicht. Wenn ich in der Sonne liege, sterbe ich. Mein Körper sieht aus, als wäre er aus lauter Ringen zusammengesetzt. Meine Haut ist glitschig, weil sie mit Schleim überzogen ist. Hören kann ich nichts und Augen habe ich auch nicht. Dafür kann ich aber zwischen hell und dunkel unterscheiden.

Am liebsten fresse ich Tier- und Pflanzenreste. Meine Lieblingsspeise sind Zwiebeln, Kaffeesatz und verdorbene Früchte. Ich fresse an einem Tag fast soviel wie ich selber wiege. Ich zersetze organische Abfälle und scheide sie in kleinen geringelten Häufchen wieder aus. Mein Kot ist ein sehr wertvoller Dünger für die Pflanzen.

Wie alle meine Artgenossen bin ich Weibchen und Männchen, habe also Eier und Samen zugleich. So etwas nennt man „Zwitter". Ich werde etwa zwei bis drei Jahre alt. Vögel betrachten mich als einen Leckerbissen. Auch vor Maulwürfen, Wühlmäusen und Kröten muß ich mich in acht nehmen. Die Menschen verwenden mich als Angelköder.

Na, wißt ihr nun, welches Tier ich bin?"

Sammelsuses Regenwurmkiste

Wer die Arbeitsweise von Regenwürmern mit Kindern genauer beobachten möchte und keinen Platz für einen großen Komposthaufen hat, sollte es mit dem Bau einer Regenwurmkiste versuchen. Die Sammelsuse erzählt, wie es geht, damit die Kinder mithelfen können.

„Also früher habe ich mich vor Regenwürmern ein bißchen geekelt, aber seit ich weiß, daß sie bei der Abfallentsorgung so überaus nützliche Helfer sind, finde ich sie immer besser.

Auf meinem Balkon steht inzwischen eine Regenwurmkiste, in die ich alle meine Küchenabfälle werfe. Den Würmern schmeckt's vorzüglich!

Mit Hilfe eines Erwachsenen könnt ihr die Kiste selberbauen. Zum Werkeln braucht ihr eine Bohrmaschine mit Schraubvorsatz, einen Zollstock und ein großes Paket Stahlschrauben (3,5 mm x 35 mm). An der Zeichnung könnt ihr sehen, wie die Kiste später aussieht und wieviel Holz zum Bauen benötigt wird:"

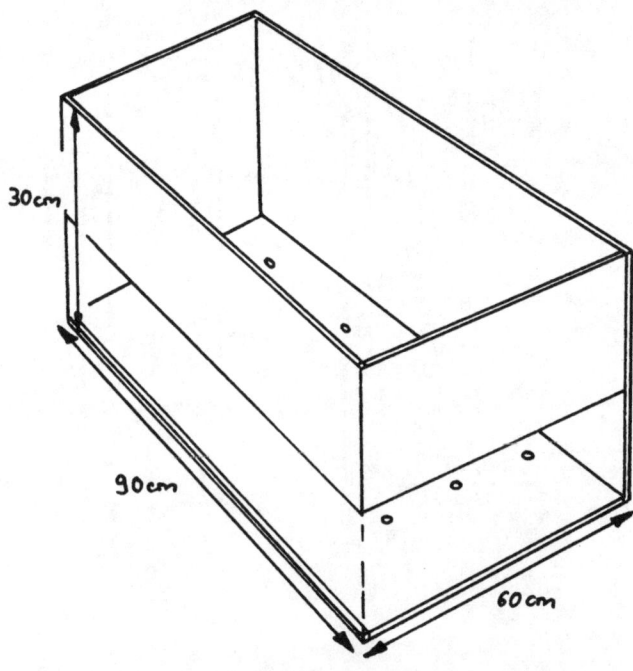

30 cm

90 cm

60 cm

Und so wird's gemacht

1. Schritt: Die Holzbretter für den Boden und die Seitenwände nebeneinander legen und mit jeweils einer Dachlatte verbinden. Dafür wird die Dachlatte mit 3–4 Schrauben auf den Brettern angebracht. Beim Boden sind es drei Dachlatten, auf denen später die Kiste steht.

2. Schritt: Die mit der Dachlatte längs verbundenen Bretter werden gleichmäßig ausgerichtet. Anschließend werden sie von außen mit 40 cm langen Dachlatten verbunden, die direkt auf den Fugen liegen. So können die Regenwürmer auf keinen Fall entwischen. Beim Befestigen der Latten müssen die Schrauben versetzt angebracht werden, da sie in den Fugen keinen Halt finden.

3. + 4. Schritt: Zunächst werden die Längsseiten von außen an den Kistenboden geschraubt. Das klappt am besten, wenn jeweils eine Dachlatte unter die Seitenteile geschoben wird, um beim Anschrauben auf gleicher Höhe mit dem Kistenboden zu sein. Anschließend werden die Querwände angesetzt. Die hier beschriebenen Arbeitsschritte sollten besser zu zweit ausgeführt werden, da auf diese Weise einer festhalten und der andere bohren kann.

5. Schritt: Jetzt wird der Deckel angepaßt. Dabei wird der Abstand der Dachlatten vom Deckelrand so gewählt, daß sich dieser gut in die Kiste einsetzen läßt. So kann die fertige Regenwurmkiste gleichzeitig als Sitzbank dienen.

Tips zum Start

Steht die Kiste fertig auf Balkon oder Terrasse, heißt es, sie mit Leben zu füllen. Für Wurmkisten eignet sich die Regenwurmart „Eisenia foetida". Sie läßt sich über folgende Adressen beziehen:

Würmer woher? Theo Tacke, Borkener Str. 40
46325 Borken–Burlo

A. Drumm, Am Auerbach 9
76307 Karlsbad

Von diesen Kompostwürmern werden 500 Stück bestellt. Bevor die lebendige Fracht ankommt, sollte die Kiste mit einer Grundmischung aus Erde, angefeuchtetem Zeitungspapier und organischen Abfällen gefüllt sein.

Zu Beginn wird das Wurmvolk mit ca. 200 g zerkleinerten Küchenabfällen täglich gefüttert. Haben sich die Kompostwürmer eingewöhnt und beginnen sie sich zu vermehren, können sie mehr Futter vertragen. Wichtig ist, daß der Kompost durchgehend feucht bleibt.

Die „Ernte" Nach einigen Monaten kann die Ernte gewagt werden. Dafür wird die dunkle Erde auf die eine Seite der Kiste geschoben und die Würmer erhalten mehrere Tage kein Futter. Dann werden frische Lieblingsspeisen auf die andere Seite der Kiste gestreut. Die Tiere wandern fast vollständig in diesen Teil der Kiste. So kann die nährstoffreiche Erde nach einigen Tagen aus der Kiste geschaufelt werden. Als wertvoller Dünger findet sic für alle Pflanzen Verwendung.

Das Beobachtungsglas

Wem der Bau einer Regenwurmkiste zu aufwendig erscheint, kann die Tiere auch hinter Glas beobachten.
Dafür wird ein großes Einmachglas mit verschieden zusammengesetzten Erdschichten gefüllt. Die oberste Schicht bilden Obstabfälle, Blätter und etwas Gras. Da Regenwürmer kein Licht vertragen können, wird eine Röhre aus schwarzer Tonpappe, die dicht um das Glas paßt – aber abnehmbar ist –, angefertigt. Dann werden einige gesammelte Regenwürmer hineingegeben und die Beobachtungen können losgehen.
Bitte nicht vergessen, die Regenwürmer später wieder nach draußen zu bringen. Ein schattiges feuchtes Plätzchen freut sie am meisten.

Material:
großes Einmachglas, verschiedene Erde, schwarze Tonpappe, Klebeband, Schere, einige organische Abfälle

Das Regenwurmspiel

Der Regenwurm lebt unter der Erde und gräbt sich viele Gänge. Nun hat er sich leider verirrt und findet den Ausgang aus seinem Bodenlabyrinth nicht mehr wieder.
Ein Kind spielt den blinden Regenwurm und bekommt die Augen verbunden. Die anderen Kinder fassen sich an den Händen und bilden einen Kreis. Zwei Kinder heben die Arme und bilden ein Tor. Das ist der Ausgang, den der Regenwurm wiederfingen muß. Der blinde Regenwurm, der in der Mitte des Kreises steht, wird einige Male gedreht, denn schließlich hat er ja die Orientierung verloren. Nun kann es losgehen. Wird der Regenwurm den richtigen Ausgang finden?
Am Ende der Runde wird gewechselt und ein anderes Kind spielt das verwirrte Bodentier.

Müllkippe Nordsee

Spaziergang
am Müllstrand

Wer gern ausgedehnte Strandspaziergänge unternimmt, stößt dabei immer häufiger auf unansehnliches Treibgut. Fand man früher schöne Steine, Muscheln, Holzstücke oder Fischerkugeln, so werden heutzutage ganz andere Meeresschätze an den Strand gespült: Autoreifen, Plastikflaschen, zerbeulte Kochtöpfe oder verrostete Kühlschränke.
Doch das ist nur der kleine, sichtbare Teil der Mülllasten, die die Nordsee täglich zu schlucken hat.
Viel gefährlicher sind die oft unsichtbaren Abfälle, die schon in geringen Konzentrationen giftig wirken können. Dazu zählen chemische Abfälle aus Industriebetrieben wie Säuren, Schwermetalle und Chlorkohlenwasserstoffe. Hinzu kommen Stickstoff- und Phosphorverbindungen aus Düngemitteln, die von den landwirtschaftlichen Nutzflächen über die Fließgewässer zum Meer transportiert werden.

Wasser in Not

Die Nordsee gehört heute zu den am meisten belasteten Gewässern der Welt. Abfallstoffe, die wegen ihrer Gefährlichkeit nicht in die Flüsse eingeleitet werden können, kommen direkt in die Nordsee. Die scheinbar leichte Müllbeseitigung durch Einleitung oder Verbrennung auf See lockte zahlreiche Industriebetriebe mit hoher Schadstoffproduktion an die Küste. Nach Angaben der Bundesregierung muß die „Müllkippe Nordsee" jährlich folgendes schlucken: 5.000.000 t Klärschlamm, 3.860.000 t Industrieabfälle, 116.000 t Öl und 20.000 t Schiffsabfälle. Stickstoff- und Phosphorverbindungen sind mit 2.500.000 t, Schwermetalle mit 70.000 t beteiligt. Zu den weiteren Giftfrachten gehören Chlorkohlenwasserstoffe,

PCB und radioaktive Elemente aus der britischen Atomkraftanlage Sellafield und der französischen Wiederaufbereitungsanlage Le Hague!

Der weitaus größte Teil an schadstoffhaltigen Abfällen kommt aus Haushalts- und Industrieabwässern, aus nicht maximal gesicherten Mülldeponien, von achtlos weggeworfenen Gebrauchsgegenständen, kurz von allem, was wir Menschen herstellen, gebrauchen und verbrauchen.

Unsere Abwässer gefährden die See

Über die Flüsse gelangen die Stoffe in die Nordsee und reichern sich dort in den Körpern von Pflanzen und Tieren an. Viele Tierarten sind auf diesem Wege an den Rand der Ausrottung gelangt.

1981 wurden erstmals sogenannte „Sauerstofflöcher" in der Deutschen Bucht gefunden, Bereiche des Tiefenwassers, in denen kein Sauerstoff mehr nachweisbar war. Als Folge gingen zahlreiche Fische und andere Meerestiere zugrunde.

Darüberhinaus wird die Nordsee durch Ölverschmutzungen permanent belastet. Erdölbohrungen, Tankerunfälle, Altölentsorgung und Schiffstankreinigungen bringen vielen Tieren einen qualvollen Tod. Meldungen über Tausende von verölten Seevögeln gehören fast schon zur Tagesordnung.

**Umfassendes
Gruppenprojekt**

Die „Müllkippe Nordsee" eignet sich als Leitthema für ein umfassendes Gruppenprojekt. In seinem Verlauf lassen sich verschiedene Aspekte erarbeiten:

■ *Erweiterung geographischer Kenntnisse:*
Wo liegt die Nordsee? Wie groß ist sie im Vergleich zu den Weltmeeren? Welche Staaten grenzen an die Nordsee? Welche großen Flüsse münden in ihren südlichen Teil?

■ *Einführung in das Ökosystem „Nordsee":*
Warum sind die Organismen eines Lebensraumes voneinander abhängig? Wie funktioniert eine Nahrungskette? Wodurch werden die Wechselbeziehungen in einem Ökosystem gestört? Welche Besonderheiten hat die Nordsee? (Gezeiten, Wattenmeer etc.)

■ *Vermittlung umweltgefährdender Faktoren:*
Was hat die Produktion einer Plastikflasche mit der Meeresverschmutzung zu tun? Wie lassen sich Schadstoffe drastisch vermindern? Warum sind die Lebewesen der Nordsee bedroht?

■ *Förderung der Eigeninitiative:*
Was kann ich als einzelne/r tun? Wie gewinne ich Einfluß? Welche Umweltschutzgruppen tun etwas für die Nordsee?

Die Geschichte „Der Seehund in Bananenstellung" macht Kindern deutlich, welche unmittelbaren Folgen die zunehmende Verschmutzung der Nordsee für die dort angesiedelte Tierwelt hat. Sie zeigt auf, wie das empfindliche Gleichgewicht eines Ökosystems durch menschlichen Einfluß zerstört wird. Die daran anknüpfenden Spiele vertiefen die neu erworbenen Kenntnisse durch aktives Tun.

Ein Seehund in Bananenstellung

Es ist ein warmer Spätsommertag. Auf einer großen Sandbank hat sich ein Seehundrudel versammelt, um die wohltuenden Sonnenstrahlen zu genießen. Flach ausgestreckt liegen die Robben im Sand und lassen ihr silbergraues Fell langsam trocknen. Jetzt, wo die Flut zurückgeht, ist die Jagd nach Nahrung erst einmal beendet. Die Seehunde gönnen sich eine ausgiebige Verschnaufpause.

Waldemar ist mit seinen einundzwanzig Jahren der älteste Seehund. Früher, als die Meere noch nicht so verschmutzt waren, wurden die Tiere fast doppelt so alt. Waldemar gilt als der beste Geschichtenerzähler des Rudels. Besonders die Robbenkinder hören ihm stundenlang zu, wenn er ihnen von früher erzählt.

Auch heute ist wieder so ein Tag. Alle Robbenkinder haben sich um Waldemar versammelt. Über ihnen kreisen drei Silbermöwen am hellblauen Himmel.

„Also gut", gähnt Waldemar herzhaft und kratzt sich mit seiner flossenartigen Vor-

derpfote das Fell, „dann erzähle ich euch heute aus der Zeit als ich selber noch ein Robbenbaby war. Damals hatten wir Seehunde wenigstens noch unsere Ruhe. Es gab nicht so viele Touristen, die mit ihren Motorbooten und Surfbrettern unsere Erholungspausen gestört haben. Heute müssen wir ja ständig wieder von den Sandbänken flüchten, was die schwachen und kranken Tiere unter uns kaum noch schaffen.

Viele Seehunde in unserem Rudel sind inzwischen krank – auch das ist vor zwanzig Jahren nicht so gewesen. Doch mit unserer Nahrung, den Fischen, nehmen wir dauernd Giftstoffe auf, die sich in unserer dicken Fettschicht immer mehr anreichern. Das schwächt die Abwehrkräfte vieler Robben und Krankheiten breiten sich aus.

Doch den Menschen, die ihre Abfälle gewissenlos in unserem Lebensraum abladen, scheinen wir fast egal zu sein. Es ist erst ein paar Jahre her, da sind Tausende von Seehunden hier in der Nähe gestorben, aber die Menschen haben nichts dagegen unternommen. Im Gegenteil: sie überschwemmen uns weiter mit ihrem Dreck. Ich sage euch, erst stirbt der Seehund und dann der Mensch. Vielleicht wird es in zwanzig Jahren nur noch im Zoo Seehunde geben."

Die Robbenkinder sehen Waldemar mit ihren großen dunklen Augen ratlos an. „Aber können wir denn gar nichts tun?" fragt eines.

„Für so empfindliche Lebewesen wie uns, sieht es auch zukünftig schlecht aus. Die Menschen glauben immer noch, daß sie sich die Natur untertan machen können und wenn sich an dieser Einstellung nichts ändert, werden sie ihre Umwelt auch weiterhin sorglos verschmutzen."

Die Robbenkinder sind traurig. Resigniert blicken sie auf das weite Meer, dessen Fluten die große Sandbank bald erreichen würden.

„Aber, aber", tröstet sie Waldemar. „Es gibt auch etwas, das Ihr tun könnt. Lernt wachsam zu sein, wenn ihr über den Strand robbt. Ihr könnt euch an dem Müll, den die Urlauber an den Stränden hinterlassen, leicht verletzen. Schon ein paar Glasscherben von einer weggeworfenen Limoflasche reichen aus, um euren Bauch zu verwunden. Gerade in diesem Sommer habe ich zahlreiche Vögel beobachtet, die sich in den herumliegenden Plastikschnüren verfangen haben und daran gestorben sind. Also, paßt auf, meidet die Gegenden, in denen Menschen ihr Unwesen treiben – das ist der beste Rat, den ich euch geben kann!"

Die ersten Wellen benetzen Waldemars Bauch. Er hebt Kopf und Schwanz und die Jungtiere tun es ihm nach. In dieser „Bananenstellung" verharren sie noch eine Weile, bis sie das Wasser langsam davonspült.

Die Flut ist zurückgekehrt und die Ruhepause der Seehunde beendet. Tauchend und schwimmend werden sie jetzt nach Nahrung suchen. Hier und dort schaut noch ein Kopf aus dem Wasser. Waldemar hebt das Kinn, um auch die allerletzten Sonnenstrahlen noch zu genießen.

■ *Zusatzinformationen:*

Im September 1988 starben in der Deutschen Bucht 80 Prozent der Seehundpopulation. Diagnose vordergründig: Lungenentzündung aufgrund einer ansteckenden Viruserkrankung. Diagnose hintergründig: Vergiftung des Meeres.

Seehunde sind Endglieder der Nahrungskette. Sie nehmen mit ihrer Nahrung – den Fischen – Giftstoffe auf. Auf diese Weise gelangt das bereits in den Fischen angereicherte Gift in Fett und Leber des Seehundes und reichert sich dort noch weiter an.

Streßsituationen wie häufige Störungen haben auf den Seehund die gleichen Folgen wie Ruheentzug auf den Menschen. Die Seehunde verlieren ihre lebensnotwendige Fettschicht und werden anfällig gegen Krankheitserreger.

Wenn die Tiere auf den Strand robben, verschmutzen sie ihre Bauchdecken mit angeschwemmtem Öl. Das führt schon bei kleinsten Verletzungen oder Nabelbrüchen bei Jungtieren zu Wundvergiftungen, die den Seehund furchtbar quälen und ihn oft genug töten.

Ein Müllspiel

An der Nordsee

Für dieses Spiel werden je nach Anzahl der Kinder 3–4 alte Bettücher aneinandergenäht. Am schönsten sieht es aus, wenn die Tücher blau eingefärbt sind. Zusätzlich werden verschiedene Müllmaterialen benötigt wie Plastikflaschen, Milchtüten, Papier oder Dosen. Der Müll sollte auf keinen Fall scharfkantig sein, da sonst Verletzungsgefahr besteht.

Die Kinder stellen sich im Kreis auf und nehmen das in der Mitte liegende Tuch in ihre Hände. Das Tuch ist die Nordsee, es macht große und kleine Wellen. Die Gruppenleiterin erzählt eine Geschichte vom Wind, der über das Meer bläst. Die Kinder können Fische sein, die sich paarweise unter das Tuch legen. Es wird auch von der Verschmutzung der Nordsee erzählt und dabei wirft die Gruppenleiterin nach und nach immer mehr Müll auf das Tuch. Die Kinder versuchen, die Abfälle wieder aus dem Wasser zu schleudern, bis die Nordsee wieder sauber ist.

1. Variante:

Umweltschützer in Aktion

Die Kinder werden in zwei Gruppen eingeteilt, die Umweltverschmutzer und die Umweltschützer.
Die Umweltverschmutzer werfen während des Spiels den gesammelten Müll in die Nordsee, während die Umweltschützer versuchen, die Abfälle möglichst schnell wieder aus dem Meer zu befördern.
Anschließend werden die Gruppen getauscht.

2. Variante:

Die Seehunde wehren sich

Für dieses Spiel werden ebenfalls zwei Gruppen benötigt. Die erste Gruppe taucht unter das Tuch. Sie spielt das Seehundrudel, das in den Wellen der Nordsee umherschwimmt.

Die zweite Gruppe stellt die Umweltverschmutzer dar, die den Müll ins Meer werfen. Doch die Seehunde setzen sich gegen den Dreck zur Wehr. Sie stoßen von unten gegen das Tuch und versuchen, den Müll aus der Nordsee zu schubsen.

Ist die Nordsee wieder sauber, werden die Gruppen getauscht.

Die Flut kommt

Noch ein Müllspiel

Material: Kassettenrecorder mit Musikkassette, ein großes Stück Packpapier, Kreppband

Das Packpapier wird in der Mitte des Raumes auf dem Boden befestigt. Es stellt die Sandbank dar, auf der sich die Seehunde zusammenfinden.

Während die Musik spielt, robben alle Kinder auf dem Bauch durch den Raum. Ruft der Erwachsene: „Die Flut kommt!", springen alle Seehunde auf und retten sich auf die Insel. Beginnt die Musik von neuem, wird die Sandbank wieder verlassen.

Bei jedem weiteren Durchgang wird nun ein Stück von dem Packpapier abgerissen, so daß sich die Sandbank merklich verkleinert. Die Seehunde, die keinen Platz mehr auf der Insel finden, robben aus dem Spielfeld, um sich auszuruhen. Doch mit gegenseitiger Hilfe schaffen es vielleicht alle Seehunde, ihren Platz auf der Sandbank zu behalten.

NOCH MEHR MÜLLGESCHICHTEN

Welche Rolle spielt Müll in anderen Ländern? Was hat die Limo **5** dose mit dem Re genwald zu tun? Der letzte Teil re flektiert die globalen Folgen unseres Wegwerfwohlstands.

NOCH MEHR MÜLLGESCHICHTEN

Hier und anderswo

Der Wegwerfwohlstand in unserem Land bleibt nicht ohne globale Folgen. So widmet sich der letzte Teil dieses Buches einem besonders weitreichenden Aspekt der Abfallthematik. Vorgestellt wird eine projektorientierte Arbeit mit dem Schwerpunkt „Müll hier und in der Dritten Welt".

Leider wird das Thema „Müll" in der Gruppenarbeit immer noch viel zu selten im Zusammenhang mit den Nord-Süd-Beziehungen betrachtet. Doch Umwelterziehung fordert eine Erweiterung des globalen Denkens. Es ist wichtig, daß Kinder ihre eigenen Lebensbezüge erkennen und einen Einblick in die Lebensbedingungen von Altersgenossen in anderen Ländern gewinnen. Auf diese Weise wird ihnen nicht nur das Thema „Müllvermeidung" nahegebracht, sondern sie lernen Alltagssituationen von Kindern in Ländern der Dritten Welt kennen, die Diskussions- und Reflexionsanlässe bieten.

Beispiel Brasilien

Das Themenspektrum der folgenden Seiten ist recht vielfältig: Am Beispiel Brasilien werden die ökologischen und sozialen Folgen der Aluminiumherstellung aufgezeigt. Die Zerstörung des Regenwaldes ist dabei nur eine Schattenseite unserer westlichen Kon-

sumgesellschaft. Wie Menschen in armen Ländern
mit sogenanntem „Müll" umgehen, zeigt die Geschichte der philippinischen Kinder von Smokey
Mountain. Hier bildet Müll die Existenzgrundlage
ganzer Bevölkerungsgruppen. Auch wenn die Abfälle dort nicht weniger schädlich sind als in den Indu-
strieländern des Nordens, ist ihre Nutzung Teil des
täglichen Überlebenskampfes. Müll als ein globales
Problem zu begreifen, ist Ziel der vorgestellten The-
menbereiche. Im Anschluß daran werden verschiedene Müllmedien vorgestellt, die für die Gruppenarbeit mit acht- bis dreizehnjährigen Kindern geeignet
sind. Wer weitere Informationen haben möchte oder
Unterstützung für größere Projekte braucht, kann
sich an eine der Umweltschutzorganisationen wenden, deren Adressen nachfolgend aufgelistet sind.
Das Ende dieses Bandes bildet ein kleines Müllwör-
terbuch, in dem bei Bedarf immer wieder nachge-
schlagen werden kann.

Medien und
Möglichkeiten

Regenwald und Limodosen

Regenwald und Limodosen? Was haben die beiden
Dinge denn miteinander zu tun, werdet ihr vielleicht
fragen. Trinken die Menschen im Regenwald besonders gern aus Limodosen? Oder liegen in den Tropen
zu viele Dosen herum? Die Antwort: stimmt beides
nicht. Was jedoch stimmt, erzählt euch diese Geschichte.

Sie führt in das südamerikanische Land Brasilien, wo
sich das größte Regenwaldgebiet der Erde befindet.
Dieses Gebiet heißt Amazonien, benannt nach dem
langen Amazonas, einem Fluß, von dem ihr vielleicht
schon etwas gehört habt.

Vor vielen Jahren wurden im Nordosten Amazoniens
zahlreiche Bodenschätze entdeckt. Dazu gehörte
auch Bauxit, ein rötliches Gestein, aus dem Aluminium gewonnen wird. Brasilien, das als ein armes
Land gilt, versprach sich von den Funden gute Ge-
schäfte; denn in den reichen Ländern Europas und
Nordamerikas ist das Leichtmetall Aluminium sehr
begehrt. Es wird dort für den Flugzeugbau gebraucht, für die Herstellung von Maschinen und
Haushaltswaren und nicht zuletzt für Verpackungsmaterialien, wie Getränkedosen, Alufolien und Cre-
metuben. Viele Aluminiumprodukte sind glatte Verschwendung, weil sie schon nach einmaligem Gebrauch weggeworfen werden. Für den Regenwald in
Brasilien hat diese Verschwendung jedoch weitrei-
chende Folgen.

Im Nordosten Amazoniens, in Carajás, wo heute
große Mengen Aluminium produziert werden, ist das
Ausmaß der Landschaftszerstörung besonders deutlich geworden. Neben den Fabriken, die dort errich-
tet wurden, entstand ein riesiges Wasserkraftwerk,

das größte der Welt. Es liefert den nötigen Strom für die Aluherstellung. Dazu kam eine neue Stadt und eine 900 Kilometer lange Bahnlinie. Viele tausend Bäume mußten für diese Bauten gefällt werden. Um die Rodungen zu erleichtern, wurden die meisten Bäume vorher mit giftigen Entlaubungsmitteln „entwaldet". Für die Errichtung des Wasserkraftwerkes mußte eine gigantische Fläche des Regenwaldes überschwemmt werden. Unzählige Tiere haben diese Überflutungen nicht überlebt. Des weiteren wurden 19 Indianervölker aus ihrem Stammesgebiet vertrieben und eine jahrtausendealte Kultur damit zerstört. Am Beispiel Aluminium wird deutlich, daß die eigentlichen Umweltprobleme schon lange vorher entstehen, bevor ein Produkt zu Abfall geworden ist. Jeder Müllgegenstand, sei es eine Getränkedose oder eine Haarsprayflasche, hat bereits eine lange Odyssee hinter sich. Denn auch die Produktion von Aluminium selbst ist sehr umweltschädlich und energieaufwendig.

In Carajás beginnt es damit, daß die schweren Baufahrzeuge den fruchtbaren Boden weiträumig zerstören. Ein weiteres Problem bilden die Rotschlämme, das sind die giftigen Reststoffe, die bei der Alugewinnung zurückbleiben. In Carajás werden sie in große Becken gepumpt, die mit Plastikfolien ausgelegt sind. Zerreißt eine dieser Folien, sickern giftige Substanzen durch den Boden ins Grundwasser. Doch auch die Luft wird bei der Aluminiumproduktion mit Schadstoffen verseucht. Sie belasten Mensch und Natur.

Und all diese Umweltzerstörung nur, weil Menschen in den reichen Ländern ihre Limo aus der Dose trinken oder ihr Essen in Alufolie einwickeln wollen? Für Deutschland hat die Umweltorganisation BUND ausgerechnet, daß mit der Energie, die jährlich eingesetzt wird, um Alufolie herzustellen, 250.000 Haushalte ein Jahr lang mit Strom versorgt werden könnten. Soviel Energieverschwendung für ein einziges Wegwerfprodukt! Doch was ließe sich ändern an dieser Misere? Wie kann der Regenwald, der durch die wachsende Umweltzerstörung bedroht ist, geschützt werden?

KAUM ZU GLAUBEN!
Jede Minute wird weltweit eine Regenwaldfläche zerstört, die so groß ist wie fünfzig Fußballfelder zusammen, also etwa 400.000 Quadratkilometer.

Vorschläge zur Gruppenarbeit

■ *Einstieg* – Auf einem Tisch werden verschiedene Aluminiumprodukte, wie Joghurtdeckel, Schokoladenpapier, Getränkedosen, ausgestellt. Die Kinder überlegen gemeinsam, wofür Aluminium noch benutzt wird.

■ *Lesen der Geschichte: „Regenwald und Limodosen"* – Die Kinder erhalten Informationen über die Aluminiumgewinnung und werden mit den Auswirkungen auf Mensch und Natur vertraut gemacht.

■ *Schaubild* – Mit Hilfe der nachfolgenden Zusatzinformationen entwerfen die Kinder gemeinsam ein Schaubild, welches die einzelnen Schritte der Aluminiumproduktion verdeutlicht.

■ *Kreuzworträtsel: „Aluminium"* – Die Kinder erhalten je einen Arbeitsbogen und versuchen das Rätsel einzeln oder in kleinen Gruppen zu lösen.

■ *Phantasiereise* – Die Kinder machen es sich mit Kissen und Decken auf dem Boden des Gruppenraumes gemütlich. Mit begleitender Musik und der Erzählung „Eine Reise in den Regenwald" werden die Kinder zu einer entspannenden Phantasiereise eingeladen.

■ *Aktionsplan* – Die Gruppe überlegt gemeinsam, was sie konkret gegen die Zerstörung des Regenwaldes unternehmen kann.

Zusatzinformationen:

Für die Aluminiumgewinnung wird feingemahlenes Bauxit in Natronlauge gelöst und unter hohem Druck auf 250 Grad Celsius erhitzt. Abfallprodukt ist bei diesem Prozeß schwermetallhaltiger Rotschlamm, der sich mit Natronlauge vermischt.

Im zweiten Produktionsschritt wird über einige chemische Zwischenprozesse pulverförmige Tonerde gewonnen, die halb aus Alu und halb aus Sauerstoff besteht. Das geschieht unter hoher Energiezufuhr. Um den Sauerstoff abzutrennen, wird die Tonerde in einem 1000 Grad Celsius heißen Bad aufgespalten. Das reine Aluminium wird zu Blöcken gegossen und an die aluminiumverarbeitende Industrie verkauft. Diese schmilzt unter ebenfalls hohem Energieaufwand das Aluminium ein zweites Mal ein, bevor es zum Endprodukt weiterverarbeitet wird.

Arbeitsblätter zum
Kreuzworträtsel „Aluminium"

Fragen:

1. Wie wird beschichtetes Verpackungsmaterial genannt?
2. Wie heißt das Gestein, das zu Aluminium verarbeitet wird?
3. Nenne einen anderen Begriff für Aluminiumoxid. (Kleine Hilfe: Die erste Silbe des Wortes stammt aus dem musikalischen Bereich. Auf den zwei weiteren Silben leben wir!)
4. Aluminium wird zur Verpackung von Milchprodukten verwendet. Wo zum Beispiel?
5. Wofür wird Aluminium gesammelt?
6. Für die Herstellung welcher Verkehrsmittel wird viel Aluminium benötigt?
7. Welche Kerzen stecken in Alu-Hüllen?
8. Was entsteht u.a. bei der Verbrennung von Bauxit?
9. Nenne ein Abfallprodukt der Aluminiumherstellung.
10. Wo wird Bauxit z.B. abgebaut?
11. Aluminium ist im Gegensatz zu Eisen nicht …
12. Wie wird die Abbauform von Bauxit genannt?
13. Früher bestand sie meist aus Aluminium. Jetzt besteht sie meist aus Kunststoff. Du benutzt sie täglich zwei- bis dreimal.
14. Welche Naturlandschaft wurde in Brasilien durch den Bauxitabbau zerstört?
15. Welche Getränkeverpackung ist besser als eine Alu-Dose?
16. Aluminium ist wegen seines geringen Gewichts ein …

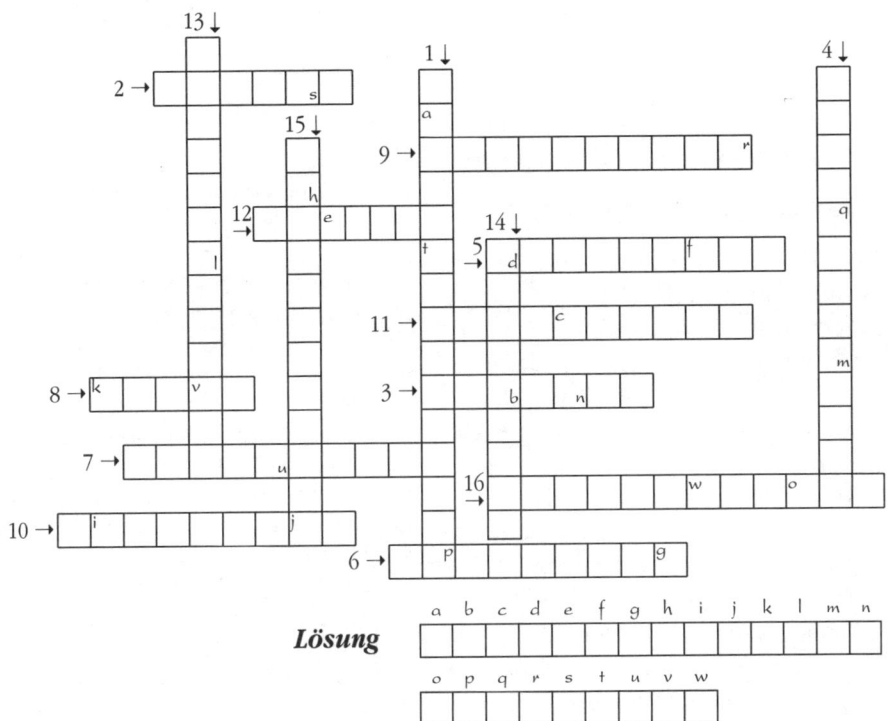

Lösung

a	b	c	d	e	f	g	h	i	j	k	l	m	n

o	p	q	r	s	t	u	v	w

Die Lösung steht auf Seite 139.

Eine Reise in den Regenwald

Musik: „Cicada" von Deuter,
„Hidden Waters" von Sophia

Phantasiereise in den Regenwald

Methodische Vorüberlegungen:

■ Die Gruppenstärke sollte die Anzahl von acht Kindern nicht überschreiten.

■ Eine behagliche Atmosphäre in einem ruhigen, warmen Raum ist Voraussetzung für eine erfolgreiche Entspannung.

■ Hilfsmittel, wie meditative Musik oder Bilder, erleichtern Kindern den Weg zu innerer Konzentration.

■ Atemübungen, Streckbewegungen oder herzhaftes Gähnen führen zur Selbstentspannung und sind daher eine gute Vorbereitung für die Phantasiereise.

„Schon seit vielen Tagen bist Du mit einem kleinen Holzboot auf den Flüssen Amazoniens unterwegs. Gestern hatte es fast den ganzen Nachmittag geregnet. Die warmen, weichen Regentropfen waren Dir eine willkommene Dusche gewesen. Heute steht die Sonne wieder hoch am Himmel. Die Luft ist heiß und feucht. Auf dem Wasser dampft es. Ruhig gleitest Du auf einem schmalen Nebenfluß des Amazonas dahin. Links und rechts an den Ufern liegt ein grünes, undurchdringliches Dickicht – der Regenwald. Die Sonne macht Dich müde und Du legst Dich lang in Dein Boot. Unzählige Wolken ziehen über Deinen Kopf hinweg. Sie sind weiß und fast durchsichtig. Dahinter erstreckt sich der strahlend blaue Himmel. Leise dringen die Gräusche des Regenwaldes zu Dir herüber, Vogelstimmen, die Du noch nie gehört hast. Das gleichmäßige Plätschern des Wassers läßt Dich einschlafen.

Du weißt nicht, wieviel Zeit vergangen ist, als das Boot plötzlich auf Grund stößt. Überrascht richtest Du Dich auf. Vor Dir liegt ein kleiner Sandstrand, umsäumt von Palmen und hohen Bambussträuchern. Du verläßt das Boot und gehst an Land. Riesige Bäume heben sich vor Dir empor. Dazwischen wachsen unzählige Pflanzen, deren Namen Du nicht kennst. Lianen klettern an Bäumen entlang und Bananen locken in ihrem satten Gelb. Du spürst

Deinen Hunger und schälst Dir genüßlich zwei Früchte. Als Du weiter in den Regenwald hineingehst, erkennst Du Orchideen und andere exotische Blumen, die vor dem dunklen Grün wunderschön leuchten. Über Dir sitzt ein großer Papagei und starrt neugierig herunter. Auf einem anderen Baum entdeckst Du die buntesten Vögel, die Du je gesehen hast: Kolibris hüpfen dort von Ast zu Ast, auf der Suche nach schmackhafter Nahrung. Die Luft ist von lautem Vogelgezwitscher erfüllt. Über den Boden krabbeln unzählig viele Insekten. Die anderen Tiere des Regenwaldes werden erst nachts aktiv. Dann kommt der Jaguar aus seiner Höhle und die Affen springen kreischend durch die Bäume. Jetzt sind keine größeren Tiere zu sehen. Nur eine harmlose Schlange ringelt sich um den Ast eines Kautschukbaumes.

Nachdem Du Dich an all den bunten Vögeln und Pflanzen sattgesehen hast, gehst Du zurück zum Strand. Vor Dir taucht eine kleine Gruppe von Wasserschildkröten in das flache Gewässer. Du steigst in das Boot und ruderst hinaus auf den Fluß. Viele Fische begleiten Dich. Bis spät in den Abend paddelst Du weiter über das gelbgrüne Wasser und läßt die Schönheit des Regenwaldes an Dir vorüberziehen."

Aktionsplan – Die Kinder überlegen, was sie einzeln und zusammen für die Erhaltung des Regenwaldes tun können. Ein Vermeidungskatalog für Aluminium kann erstellt, Alternativen ausgekundschaftet werden. Auch die Veranstaltung einer Regenwald-Schutz-Woche in Schule oder Gemeinde kann etwas bewegen. Umweltorganisationen sind dabei gern zur Unterstützung bereit. In Schweden und England haben Schülerinnen und Schüler beispielsweise Geld gesammelt und ein Stück Regenwald gekauft – der kann nicht mehr abgeholzt werden.

Die Müllkinder von Smokey Mountain

Smokey Mountain ist nicht etwa der Name einer Stadt, wie ihr vielleicht denken mögt. Es ist auch kein Vulkan, wie sein Name vermuten läßt.

Smokey Mountain ist ein Berg, genauer gesagt, ein Müllberg. Er liegt am Rande von Manila, der Hauptstadt der Philippinen. Rosa und Paolo leben dort. Sie sind zwei von vielen tausend Filipinos, die in den Elendsvierteln von Manila leben. Hier liegt auch der Smokey Mountain, der rauchende Müllberg, der inzwischen die Höhe eines achtstöckigen Hauses erreicht hat. Jeden Tag bringen große Lastwagen neuen Müll aus der Hauptstadt. Rosas und Paolos Familien leben von diesem Müll. Sie wohnen in einfachen Baracken, die aus

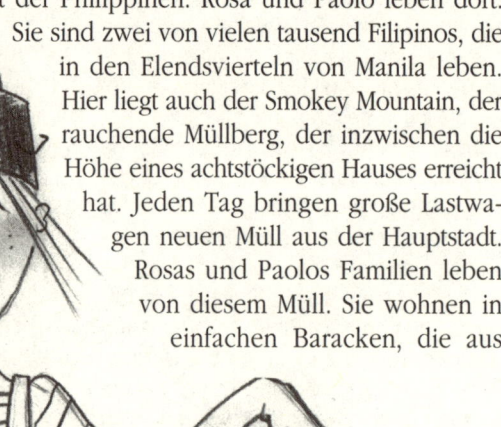

Pappe, Holzteilen und Plastikplanen zusammenge-
nagelt sind. Im Gebiet des Smokey Mountain gibt es
weder Wasser noch Kanalisation. So erstreckt sich an
seinem Rande eine offene Kloake, die in der Regen-
zeit alle Wege überschwemmt. Ansteckende Krankheiten sind die Folge.

Als Müllsammler haben die philippinischen Familien
ein Einkommen von 30 Pesos, das sind umgerechnet
3,– DM am Tag. Die Aufnahmegebühr von Kranken-
häusern und Schulen können sie davon nicht bezahlen.

Den Smokey Mountain kann man schon von weitem
erkennen. Sein beißender Rauch zieht Tag und Nacht
über die Elendsviertel. Die Hitze führt dazu, daß sich
der abgelagerte Müll immer wieder entzündet. Wür-
det ihr über den Berg gehen, könntet ihr spüren, wie
heiß es unter euren Füßen wird. Der Qualm stinkt
entsetzlich. Viele Kinder leiden an Lungenkrankhei-
ten und Asthma.

Rund um die Uhr sind alle aus der Familie damit beschäftigt, den Müllberg nach Dingen abzusuchen, die
noch irgendwie verwertbar sind. Auch Rosa und Paolo arbeiten seit ihrem fünften Lebensjahr auf dem
Smokey Mountain. Mit Eisenhaken und Korb aus-
gerüstet, suchen sie nach Metall, Plastik, Glas und
organischen Abfällen. Schon wenn der Lastwagen
den Müllberg hinaufkommt, springen die Kinder auf
die Ladefläche. Denn wer zuerst kommt, hat die
größte Chance, noch etwas Brauchbares zu finden.

Eine staatliche Schule haben Rosa und Paolo nie besucht. Auch dafür fehlte das Geld. Inzwischen haben
sich jedoch viele Familien der Elendsviertel zusam-
mengeschlossen und eine Schule für ihre Kinder ge-
gründet. Doch es ist keine Schule, wie ihr sie kennt.
Hier gibt es keinen Stundenplan mit genau abge-
stimmten Unterrichtsfächern. In den Produktions-

schulen des Smokey Mountain lernen die Kinder, mit ihrer Arbeit zu überleben. Paolo besucht eine solche Schule, wo er lernt, aus alten Müllteilen wieder funktionstüchtige Geräte herzustellen. Die werden dann später verkauft. Rosa arbeitet ebenfalls in dieser Schule. Sie lernt dort, organische Abfälle so aufzubereiten, daß sie an aufgezüchtete Schweine verfüttert werden können. Neben der handwerklichen Arbeit erfahren die Kinder, wie sie mit wenig Geld ein relativ gesundes Essen zubereiten können.

Paolo und Rosa haben mit dieser Schule eine hilfreiche Unterstützung bekommen, die ihnen das harte Leben am Müllberg erträglicher macht.

Vorschläge für die Gruppenarbeit

■ *Landkartenbetrachtung* – Zur Einführung in das Thema suchen die Kinder auf der Weltkarte die Philippinen. Dabei kann über die Größe des Landes, seine Entfernung von Europa und ähnliches mehr gesprochen werden.

■ *Lesen der Geschichte: „Die Müllkinder von Smokey Mountain"* – Anhand der Geschichte erfahren die Kinder etwas über die bedeutende Rolle von Müll in Entwicklungsländern. Sie bekommen einen Eindruck von den schwierigen Lebensbedingungen, mit denen die dort lebenden Kinder täglich konfrontiert sind.

■ *Dia-Reihe* – Die Dia-Reihe „Unter den Füßen die Glut" (ausleihbar über: terres des hommes, Postfach 41 26, 49084 Osnabrück), dokumentiert die Lebens- und Arbeitssituation der Kinder am Smokey Mountain. Die Bilder veranschaulichen die vorher gemeinsam gelesene Geschichte.

■ *Plakaterstellung* – Die Kinder erhalten die Aufgabe, aus den bisher gesammelten Informationen zwei große Bilder anzufertigen. Dafür werden zwei Kleingruppen gebildet. Auf dem ersten Plakat wird der Umgang mit Müll in unserer Stadt dargestellt. Die zweite Gruppe fertigt ein großes Bild zur Situation der Müllkinder in Manila an. Vorher besprechen die Kinder, welche Aspekte für das jeweilige Land charakteristisch sind. Nach Fertigstellung werden beide Entwürfe nebeneinandergehängt.

Müllmedien

■ *Sachbücher*

Brehm, Evamaria: Deponie Erde. Das große Buch vom Müll. Baden-Baden 1991

Mucke, Peter: Zum Beispiel Müll. Göttingen 1993

Natsch, Bruno: Gute Argumente. Abfall. München 1993

Veit, Barbara; Wolfrum, Christiane: Das Buch vom Müll. Göttingen 1993

■ *Kinderbücher*

Elkington, John; Hailes, Julia: Unsere Welt muß grün bleiben! Handbuch für junge Umweltschützer. München 1991

The Earthworks Group: Kinder machen 50 starke Sachen, damit die Umwelt nicht umfällt. Hamburg 1990

Pausewang, Gudrun: Es ist doch alles grün – Umweltgeschichten nicht nur für Kinder. Ravensburg 1991

■ *Spiele und Materialien*

Erlenstedt, Beate: Mach was aus Müll! Mühlheim/R. 1987

Hax, Thomas; Fennschild, Sabine: Müll – Materialien für Unterricht und Bildungsarbeit. Bad Honnef 1992

Hoffmann-Pieper, Kristina: Basteln zum Nulltarif – Spiel und Spaß mit Haushaltsdingen. Reinbek b. Hamburg 1992

Hoffrage, Henrike: Spielend lernen mit Knud – Müllanfall, Müllbeseitigung und Müllvermeidung, Münster 1991

Aktionskiste: Müllgeschichten aus der EINEN WELT.
Bezugsadresse: Dritte-Welt-Haus Bielefeld, August-Bebel-Str. 62, 33602 Bielefeld

Müll-Spiel: Wer falsch sortiert – verliert.
Bezugsadresse: Bremer Entsorgungsbetriebe, Schiffbauerweg 2, 28237 Bremen

■ *Filme*

Altglas ist kein Müll (1977, LBS, Lichtton, Farbe, 16 Min., ab 8 Jahren)

Neues Glas aus alten Flaschen (1977, LBS, Lichtton, Farbe, 14 Min., ab 8 Jahren)

Wie der Müll zum Problem wurde (1980, LBS, Lichtton, Farbe, 13 Min., ab 9 Jahren)

Geplante Beseitigung (1982, LBS, 12 Dias, Farbe, ab 7 Jahren)

Gschmüder-Ghüter-Güsel (1982, 25 Folien plus Begleitmaterial, zu beziehen über den BUND, ab 7 Jahren)

Müllprobleme (1984, LBS, 12 Folien, Farbe, ab 10 Jahren)

■ *Nützliche Adressen*

BUND – Bund für Umwelt
und Naturschutz Deutschland
Im Rheingarten 7,
53225 Bonn

Greenpeace
Vorsetzen 53,
20459 Hamburg

Robin Wood
Langemarcktstraße 210,
28199 Bremen

WWF – World Wide Fund of Nature
Hedderichstr. 110,
60596 Frankfurt/Main

Lösung für Kreuzworträtsel
(Schüler/-innen-Arbeitsbogen)

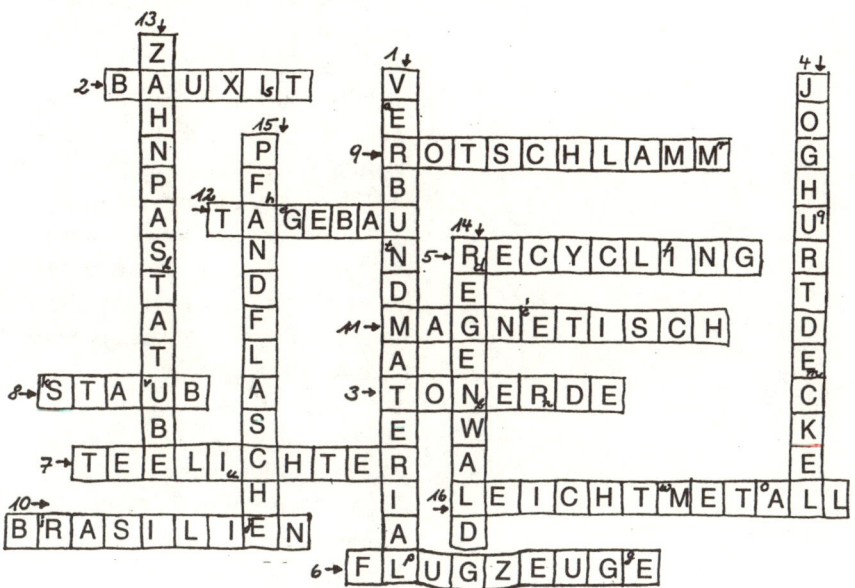

Kleines Müllwörterbuch

Altlasten: Vergiftete Gelände von ehemaligen oder bestehenden Müllkippen und Deponien.

Biomüll: Sämtliche Abfälle, die in der Natur wieder verrotten, also biologisch abbaubar sind.

Chlorgas: Gilt als Weißmacher, mit seiner Hilfe wird beispielsweise Papier gebleicht. Die Chlorbleiche ist erheblich umweltbelastend, sie verschmutzt Meere, Flüsse und Seen.

Duales System: Das DSD (Duales System Deutschland) ist ein von der Industrie gegründetes Unternehmen zur Erfassung von Verpackungsabfällen.

Einweg: Ex und Hopp, also sämtliche Produkte, die nach einmaliger Benutzung weggeworfen werden.

FCKW: Fluorchlorkohlenwasserstoffe sind Gase, die für Kühlschränke, Schaumstoffe, Spraydosen und vieles mehr verwendet werden. Sie steigen in die Atmosphäre auf und zerstören die Ozonschicht.

Grüner Punkt: Kennzeichen des Dualen Systems, das sich ausschließlich auf Einwegverpackungen befindet, deren Verwertung nicht immer abgesichert ist. Der „Grüne Punkt" ist somit kein Umweltzeichen.

Hartschaum: Mit FCKW aufgeschäumter Kunststoff, der als Verpackungs- und Isoliermaterial eingesetzt wird. Sowohl in der Herstellung als auch in der Entsorgung sehr umweltbelastend!

Joghurtbecher: Werden überwiegend aus Polystyrol hergestellt, einem Kunststoff, der aus Erdöl gewonnen wird. In Sekunden produziert, in einer Minute geleert, wandern Joghurtbecher als Dauermüll ohne Verfallsdatum auf die Deponie.

Kompostierung: Eines der ältesten Verwertungsverfahren für organische Abfälle.

Mülldeponie: Lagerstätte für Hausmüll und andere Abfälle. Deponien sind mit anderen Entsorgungsarten nicht vergleichbar, weil ihre Schadstoffquelle, also die abgelagerten Abfälle selber, auf Dauer erhalten bleibt auch wenn der Deponiebetrieb eingestellt wird.

Müllverbrennung: Standardmethode der Abfallbehandlung. Neben den Emissionen von Dioxinen und Schwermetallen trägt vor allem auch die unbefriedigende Entsorgung von Restabfällen wie Filterstäuben, Salz und flüssigen Rückständen, zum negativen Image der Müllverbrennung bei.

Pfandsysteme: Vielfach verwendete Verpackungen, die vom Handel direkt zurückgenommen werden. Neben Konsumverzicht die beste Möglichkeit, um Verpackungsmüll zu vermeiden.

Quecksilber: Wird zum Beispiel bei der Produktion des Kunststoffes Polyvinylchlorid (PVC) freigesetzt. Quecksilber ist ein hochgiftiges und gefährliches Schwermetall, das Luft Boden und Gewässer verseuchen kann.

Recycling: Die Rückführung von Wertstoffen in den Produktionskreislauf.

Restabfall: Bleibt nach der Vermeidung, Kompostierung, Sortierung von Wertstoffen und Verwertung übrig (beim Hausmüll derzeit 40 %, beim Gewerbemüll 50 %).

Sickerwasser: Entsteht in der Deponie durch die Zersetzung feuchter und organischer Abfälle. Stellt durch seinen Schadstoffgehalt eine Gefährdung für das Grundwasser dar.

Sondermüll: Abfälle, die in besonderem Masse gesundheitsgefährdend und umweltbelastend sind.

LehrerInneninformation zum SchülerInnen Arbeitsbogen!
– Eine Auswahl –

	Recycling/Verwertung	Vermeidung ist besser
Glas	Einwegflaschen und Einweggläser zum Glascontainer	Mehrweg (Pfandflaschen u. Pfandgläser) statt Einweg Einweggläser zum Einkochen Frischobst und Frischgemüse
Papier + Pappe	Papiercontainer Bündeln für „Haus-zu-Haus-Sammlung"	keine Servietten Blätter beidseitig benutzen Butterbrotdose Aufkleber: keine Werbung! Geschenkpapier wiederbenutzen Bastelmaterial
Kleidung	Kleidersammlung Nutzung als Füllstoff	Flohmarkt Reparatur/Restaurieren Material anderweitig nutzen oder verschenken
Sperrmüll	Sperrmüllsammlung	Flohmarkt Reparatur/Restauration Material anderweitig nutzen
organische Abfälle	Biotonne hauseigener Komposthaufen	hauseigener Komposthaufen
Dosen	Aluminium zur Alu-Sammelstelle! Gelber Sack/Gelbe Tonne	Mehrweg (Pfandflaschen und Pfandgläser) statt Alu-Dosen Frischobst und Frischgemüse
Plastik	Gelber Sack/Gelbe Tonne	Mehrweg statt Plastik Einkaufskorb statt Plastiktüte
Sondermüll	**Wohin damit?** Schadstoffmobil Problemmüllannahmestelle	Solarenergie bzw. Akkus statt Batterien Auf den „Blauen Engel" achten Auf Tintenkiller verzichten Buntstifte statt Filzstifte Klebstoff ohne Lösungsmittel u.v.m.

Lieferbare Titel der Reihe

8-13

Jährlich erscheinen
zwei Bände.
Bei fortlaufendem Bezug
im Abonnement
beträgt die Ersparnis
rund 15 %

Ich finde meinen Platz
Kinder nehmen sich und andere
in Gruppen wahr

Computer & Co.
Audiovisuelle Medien in der Jugendarbeit

Keine Zeit für Langeweile
Bewegung in die Gruppe bringen

Miteinander im Glauben
Glaubensfragen in Kindergruppen

Auf dem Weg zu mir
Tage der Einkehr in Kindergruppen

Wenn die Körper sprechen lernen
Geschlechterrollen in Bewegung

Wörter, Sätze, Geschichten
Sprache – und was man damit machen kann

**Burckhardthaus-Laetare Verlag
Offenbach/M.**

8-13 Hajo Bücken (Hg.)

Traumwelten

VON WÜNSCHEN, ANSPRÜCHEN UND IDEALEN

Burckhardthaus-Laetare Verlag

Vom Nächsten erzählen
Geschichten von heute zum Gleichnis vom barmherzigen Samariter

Sommerspiel
Heiße Ideen für Kindergruppen

Winterspiel
Spiele für die kalte Jahreszeit

Das Fremde überwinden
Vom Umgang mit sich und anderen

Leben feiern
Religiöse Gemeinschaft mit Kindern

Unterwegs in Gottes Welt
Religiöse Erziehung in Freizeiten

Lebendige Umwelt – gleich nebenan
Mit Kindern die Ökologie erfahren

Traumwelten
Von Wünschen, Ansprüchen und Idealen

Wie das Wildschwein fliegen lernte
Spiel(e) mit Kindern und anderen Spielverderbern

Wir sind die Clowns
Mit Kindern die Welt der Narren erleben

Bilder – und was man damit machen kann
Über den aktiven Umgang mit Bildern

Musik und was man damit machen kann
Mit Musik warm werden

Gottes Schöpfung – uns anvertraut
Geschichten, Gedichte, Berichte und Lieder

Die Stadt erleben
Mit Kindern die eigene Umwelt erforschen

Tatort Theater
Kleiner Leitfaden für „Schauspieler"

Zärtlichkeit und Wut
Vom Umgang mit Gefühlen in Kindergruppen

Wetten, der Gott kann das
Kinder fragen nach Gott und der Welt

IN VORBEREITUNG

Gruppen leiten
Handbuch 8–13

Wieder von vorne anfangen
Von Ansprüchen und Hoffnungen